AFFAIRE DUMAS

ENQUÊTE

ET

CONTRE-ENQUÊTE

DÉPOSITIONS

Des Témoins entendus en l'enquête ordonnée le **16 août 1864,**

DANS L'INSTANCE PENDANTE AU TRIBUNAL CIVIL DE SAINT-ÉTIENNE,

Entre :

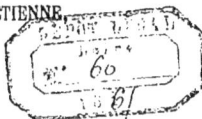

M. Jean-Claude DUMAS, *propriétaire, demeurant à Saint-Maurice-sur-Dargoire, demandeur en nullité du testament de* **JEAN-MARIE DUMAS,** *son frère, du 1ᵉʳ juin 1832,*

D'une part ;

Et les *HOSPICES et le BUREAU DE BIENFAISANCE DE RIVE-DE-GIER, défendeurs,*

D'autre part ;

Et les *HOSPICES DE LYON intervenants,*

Encore d'autre part ;

Et enfin Elisabeth-Louise ODIEUX, *veuve JOURNOUD, intervenante,*

De dernière part.

ENQUÊTE

Séance du 18 novembre 1864.

Premier témoin.

NAPOLÉON-HIPOLYTE MORTIER, 60 ans, commissaire de police de la ville de Montbrison, y demeurant, dépose :

Je connaissais Jean-Marie Dumas depuis son enfance, on l'appelait Cadet Dumas. Jusqu'en 1830 je n'avais pas remarqué que malgré son originalité et les bizarreries de son caractère, il eût rien d'anormal dans ses facultés intellectuelles; mais après la révolution de juillet ces mêmes facultés se dérangèrent sensiblement; ainsi je l'ai plusieurs fois entendu dans les cafés dire qu'il était empereur, plus souvent aussi il se disait directeur des mines (il était très orgueilleux). Un jour son parent Aroud lui fit observer qu'il n'était pas à même d'être directeur des mines ; ils échangèrent quelques paroles, et Dumas s'animant de plus en plus, s'exaspéra jusqu'à lancer une cruche de bière à son contradicteur qui ne fût pas atteint, mais le projectile brisa une glace du café Dévigne où cela se passait. A cette même époque, j'ai vu Cadet Dumas donner 5 francs à une chanteuse du susdit café, je crois même que cela lui est arrivé plusieurs fois et je suis convaincu que c'était par ostentation.

J'ai ouï dire souvent que Dumas se posait en chemise sur son balcon en plein jour, et que là il pérorait et parlait comme s'il était officier de la garde nationale, se donnant en spectacle à la foule qui disait après : Oh ! le fou a péroré aujourd'hui sur son balcon; c'est ainsi que j'en ai été instruit moi-même, quelques temps avant que Dumas fût transféré pour la première fois dans une maison de santé à Lyon, sans que je puisse préciser autrement l'époque. J'ai entendu le docteur Richarme raconter au café Dévigne, qu'il venait d'être poursuivi par Cadet Dumas, tenant un couteau de cuisine à la main ; le docteur ajoutait que s'il ne s'était pas enfui il aurait bien pu être frappé par Dumas, auquel il s'était présenté cependant comme médecin pour lui donner ses soins.

Vers la fin de 1830, me trouvant au café Dévigne avec Dumas, il me proposa, comme cela lui arrivait souvent, de jouer aux cartes avec lui ; cela ne me convenait guère, et pour me débarrasser de ses instances, je lui dis nous ne jouerons pas aux cartes, parce que tu n'es pas assez fort, mais nous allons jouer à *tête* ou *pile*, si c'est *tête* j'ai gagné, si c'est *pile* tu as perdu ; Dumas a accepté, et cette plaisanterie s'est renouvelée plusieurs fois ; quand il tournait *pile*, il disait j'ai perdu ; quand c'était *tête*, je lui disais j'ai gagné, et il répondait c'est vrai. La galerie s'en amusait beaucoup.

Je déclare enfin que l'insanité d'esprit dont était atteint Cadet Dumas était notoire, à Rive-de-Gier, depuis le courant du mois d'août 1830.

Lecture faite, le témoin a persisté.

Deuxième témoin.

Jean-Baptiste CHAMBEYRON, 65 ans, architecte, demeurant à Rive-de-Gier, dépose :

Je connaissais Cadet Dumas plus de 10 ans avant 1830. Il était très vaniteux, avait un caractère original et même un peu extravagant et tout à fait excentrique, mais néanmoins je n'avais pas remarqué que son intelligence fut altérée. Je n'ai eu la preuve de son aliénation mentale que vers la fin de 1831 ; nous étions à dîner au restaurant Pardon, à Rive-de-Gier, une dizaine d'amis au nombre desquels il était. Un de nous qui était sans doute au courant de sa situation mentale lui adressa à haute voix cette question : Est-il vrai Dumas que le gouvernement t'ait autorisé à porter des bottes rouges ? Cadet Dumas répondit sérieusement : Non-seulement je suis autorisé à porter des bottes rouges, mais en outre une couronne de lauriers, et de plus je suis directeur général des mines de France. A cette réponse, nous nous regardâmes stupéfaits et la conversation ne fut pas poussée plus loin sur ce sujet.

Comme nous comprîmes tout d'abord que notre malheureux ami était atteint d'aliénation, nous nous promîmes entre nous de ne plus l'admettre à nos réunions. A cette époque, j'ai quitté Rive-de-Gier et c'est pour cela que j'ignore les autres faits interloqués.

Lecture faite, le témoin a persisté.

Troisième témoin.

Henry FLEURY père, 74 ans, propriétaire au château de Ternay, commune de Ternay, arrondissement de Vienne (Isère), dépose :

Je n'ai connu Cadet Dumas qu'en 1825, mais néanmoins je puis dire quelque chose sur son compte. A l'époque où il était écolier, en effet, M. Gonnard fils, dont le père était instituteur à Millery, avait Cadet Dumas au nombre de ses élèves; le fils Gonnard que je voyais alors quelque fois chez mon beau-père, à Grigny, nous a souvent entretenu des faits et gestes de Cadet Dumas auquel mon beau-père s'intéressait beaucoup. Le père Gonnard n'avait pas à se louer de son élève Dumas qui avait un caractère tout à fait excentrique, si bien qu'il désespérait d'en faire quelque chose. Cadet Dumas pouvait avoir alors 15 à 16 ans. Plus tard, lorsque je l'ai connu, j'ai remarqué en effet que ce jeune homme avait un caractère original et bizarre; il était surtout doué de beaucoup d'orgueil et de vanité. Ainsi, en 1828, je me rappelle qu'il se parait de breloques, portait une magnifique bague par dessus son gant et montrait toutes ces dorures avec beaucoup d'ostentation. Très souvent je l'ai vu m'aborder comme tout le monde, car c'était sa manie en se grattant le bout du nez avec la main gantée sur laquelle brillait le bijou dont j'ai parlé. Toute la ville de Rive-de-Gier s'amusait de lui et de ses vanteries extravagantes, il allait gesticulant en public, se disant directeur des mines. Je puis affirmer que dès cette époque et surtout depuis 1830 jusqu'au jour où il a été emmené à Lyon, il était notoire à Rive-de-Gier que Cadet Dumas avait perdu l'esprit. J'étais un jour, en 1831, à dîner chez M. Bethancourt père, lorsque survint son fils qui était médecin, il entra d'un air tout effaré, étourdi et comme épouvanté et nous dit : *Je viens avec un de mes*

*confrères d'être poursuivi par Cadet Dumas, un couteau à la main;
nous allions pour lui donner nos soins et il a failli nous assassiner, je n'y
retournerai pas. Je m'étonne que la famille Dumas s'obstine à ne pas le
faire enfermer.*

Plus tard et en 1835, 1836 ou 1837, autant que je puisse m'en souvenir, je rencontrais par hasard Cadet Dumas, à Lyon, sur la place des
Célestins, il était accompagné d'un frère de Saint-Jean-de-Dieu; dès
qu'il m'aperçut il me sauta au cou en m'embrassant, il me serrait forte-
ment et me dit avec effusion : « Nous sommes trop amis pour que nous
nous quittions sans dîner ensemble. Je vous offre un superbe dîner;
j'ai à vous consulter et à vous communiquer l'entreprise immense dont
je m'occupe en ce moment. »

Ces démonstrations m'étonnèrent d'autant plus que je n'avais jamais
eu avec Cadet Dumas que de simples relations de politesse. J'abrégeais
cette entrevue qui attirait déjà l'attention des passants, car Dumas faisait
des gestes extraordinaires, en faisant des éclats de voix. Dans le cours de
notre entretien qui dura à peine dix à douze minutes, il me dit qu'il
était encore un peu malade, mais qu'il était très bien soigné, qu'il sor-
tirait bientôt de cet établissement et qu'alors nous pourrions nous occuper ensemble de ses magnifiques projets; il s'agissait, disait-il, d'une
affaire énorme. Je ne l'ai plus revu depuis lors.

Le témoin revenant sur la date du fait relatif au docteur Bethancourt,
explique que tout en croyant que ce fait se passa en 1831, il ne peut cependant pas l'affirmer; il ne serait pas impossible que ce fait se fut passé
plus tard. Ce qui est certain, ajouta-t-il, c'est qu'il faisait alors très
chaud.

Lecture faite, le témoin a persisté.

Quatrième témoin.

JEAN-BAPTISTE RICHARME, 67 ans, docteur-médecin, demeurant à
Rive-de-Gier, dépose :

Je connaissais Jean-Marie Dumas 5 ans environ avant qu'il n'ait
été emmené à Lyon pour la première fois. J'avais peu de rapports avec

lui, mais je savais néanmoins qu'il était très léger, très bizarre, très original, si bien qu'on ne pouvait pas avoir de relations avec lui. Dans les deux dernières années surtout qui ont précédé son envoi à Lyon, il était devenu tout à fait extravagant. Quoique je n'ai pas été personnellement témoin de ces extravagances, je connaissais comme toute la ville ce que disait et ce que faisait Cadet Dumas. Il se mettait sur son balcon en chemise, quelquefois tout nu, et là il pérorait, gesticulait devant la foule ; il disait notamment qu'il était empereur, général, amiral, directeur des mines, parlait de la garde nationale et à ce sujet je dois dire qu'on l'avait nommé officier pour s'en amuser. Trois semaines environ avant de partir pour Lyon, il me demanda si les gendarmes ne devaient pas venir l'arrêter ; il paraissait consterné et dans une grande appréhension. Je fis tous mes efforts pour le rassurer en lui disant qu'il n'en était rien ; mais je ne pus réussir à dissiper complète-ment sa frayeur ; il était triste et abattu. Quelques jours plus tard je fus mandé dans la maison Dumas pour décider Cadet à faire un voyage à Lyon. Je m'y rendis et je dois dire tout d'abord que j'avais moi-même donné à son frère le conseil de l'enfermer dans une maison de santé. Au moment où je montais l'escalier, survint le docteur Bethancourt, porteur d'un gilet de force par précaution ; nous restâmes dans l'escalier, Jean-Claude Dumas et moi et mon confrère entra seul dans la pièce où était couché Cadet. A la vue du gilet de force, celui-ci prenant cet instrument pour un sac dans lequel on voulait l'étouffer, s'exaspéra et s'armant soudain d'un couteau de table caché dans sa paillasse, sauta de son lit tout en chemise et se précipita sur les personnes qui l'entouraient ; il y avait là une douzaine de femmes, d'hommes et d'enfants qui étaient entrés à la suite de M. Bethancourt. Tout le monde fut effrayé et s'enfuit, son frère qui était avec moi comme les autres ; je restais le dernier et je crus prudent de me sauver aussi, mais comme j'aperçus Cadet Dumas tout près derrière moi, je jugeais qu'il était plus sûr de me retourner pour me défendre et pour me garantir plus commodément, et en effet, je le saisis pour neutraliser ses mouvements et nous roulâmes ensemble jusqu'au bas de l'escalier où l'on vint me dégager ; on s'empara du cou-teau et Cadet Dumas, en se relevant, me dit sans colère, car il n'était pas méchant : « Tu l'as échappé belle. » C'est trois jours après cette scène, autant qu'il m'en souvienne, que Cadet Dumas a été emmené à Lyon dans la maison de santé de Mademoiselle Renevier, à Saint-Just.

Lecture faite le témoin a persisté.

Cinquième témoin.

François MUSSIEUX père, 79 ans, propriétaire au hameau de Journoud, commune de Saint-Maurice-sur-Dargoire (Rhone), dépose :

J'ai connu Cadet Dumas dans sa jeunesse ; il était fort étourdi et plus tard cette étourderie se tourna en extravagance. Ainsi à la noce de son frère ainé, en novembre 1827, il chanta une chanson obscène qui força quatre respectables ecclésiastiques qui s'y trouvaient à se retirer. A cette même époque, son père me pria de m'occuper de le marier, je me chargeais de la commission, mais je n'y donnais pas suite, parce que je ne tardais pas à m'apercevoir que l'état mental de Cadet Dumas ne permettait pas de l'engager dans les liens du mariage, et son père lui-même me dit de son côté qu'il n'y avait plus lieu de penser à marier son fils. Quoique le père Dumas ne s'expliquât pas autrement, je compris bien que son motif était celui qui m'avait déterminé moi-même à m'abstenir. Plus tard, en effet, les extravagances de Cadet Dumas trahirent sa situation d'esprit ; ainsi il courait la campagne à cheval, traversant les prés et les blés avant la récolte, sautant pardessus les murs et les haies, pour venir me joindre au milieu des champs où je travaillais, et lorsque je lui faisais observer qu'il faisait des dégâts, il me répondait : « Ne craignez rien, j'ai de quoi payer, je suis empereur. » Cela lui est arrivé presque journellement pendant deux semaines, dans le courant de l'été qui a suivi la mort de son père.

Lecture faite le témoin a persisté.

Sixième témoin.

Marie JABOULAY, veuve de Jacques Véléat, 67 ans, propriétaire au lieu de la Petite-Cotonnière, commune de Saint-Martin-la-Plaine, dépose :

Un an après la mort du père Dumas, j'ai vu un jour de marché son fils Cadet se mettre en chemise sur son balcon en gesticulant comme un fou ; il avait attiré l'attention de la foule qui était d'autant plus grande que c'était un jour de marché. J'ajoute qu'on l'a emmené de force à Lyon, d'après ce que j'ai ouï dire à Rive-de-Gier, on disait aussi dans cette dernière ville que Cadet Dumas était aliéné.

Lecture faite le témoin a persisté.

Septième témoin.

Antoine ESCOFFIER, 90 ans, cultivateur, demeurant au hameau des Granges, commune de Saint-Maurice-sur-Dargoire, dépose :

Deux mois après la mort de son père, Jean-Claude Dumas me confia la garde de son frère Cadet. J'ai, en effet, gardé celui-ci pendant deux jours et deux nuits, et ce n'était pas chose aisée, car il était très agité et commettait toutes sortes d'extravagances; il se levait en chemise, courait dans sa chambre, proférait des menaces contre son frère, se mettait quelquefois à genoux et proférait des paroles incohérentes auxquelles je ne comprenais rien ; il me donna un billet de 6,000 fr. et une montre en or en me disant : « Voilà Escoffier ce que je vous donne, ça vous servira sur vos vieux jours. » Comme je compris qu'il n'avait pas la conscience de ce qu'il faisait, je crus devoir remettre la montre et le billet à Mme Dumas, sa belle-sœur.

Le témoin revenant sur l'époque à laquelle il a gardé Cadet Dumas explique que s'il ne peut pas la bien préciser, il croit cependant se rappeler que c'est un mois environ après le partage des biens délaissés par le père.

Lecture faite le témoin a persisté.

Huitième témoin.

Antoine BENIÈRE, âgé de 61 ans, ingénieur de mines, demeurant à Rive-de-Gier, dépose :

Je n'ai personnellement rien vu ni entendu émanant directement de Cadet Dumas, que je ne fréquentais pas, qui ait pu me donner la pensée que sa raison était égarée ; mais ce que je puis affirmer, c'est qu'il était de notoriété publique à Rive-de-Gier dès 1830 et surtout en 1831 jusqu'en 1832, qu'il a été emmené à Lyon, que ledit Cadet Dumas était fou, et c'est précisément à cause de cela que j'évitais de le rencontrer.

Lecture faite le témoin a persisté.

Neuvième témoin.

Dame MARIETTE DREVARD, 66 ans, veuve Sablière, sans profession, demeurant à Rive-de-Gier, rue St-Martin, dépose :

J'ai habité la maison Dumas pendant 21 ans, comme locataire du père depuis 1825 jusqu'en 1831, et depuis cette dernière époque comme locataire du fils jusqu'en 1846. Dès 1826, j'ai vu tous les jours Cadet Dumas qui venait régulièrement passer six heures chez moi ; je suis donc parfaitement au courant de tous ses faits et gestes, et je puis dire tout d'abord que déjà à cette époque il donnait des signes non équivoques d'un esprit extraordinaire et d'une intelligence qui se dérangeait de plus en plus. Ainsi il a donné les preuves de sa déraison dès 1827, surtout à la noce de son frère aîné où il s'est livré à toutes sortes d'extravagances, chantant des chansons inconvenantes en présence des ecclésiastiques qui s'y trouvaient et qu'il obligea par là à se retirer, montrant avec une ridicule affectation de grosses breloques qu'il portait à son gilet et une bague à diamant qu'il avait placée par dessus son gant et qu'il montrait à tout le monde en la mettant sous le nez ; il faisait cela même dans les rues à cette époque. Enfin, le soir de cette noce son père était tellement indisposé contre lui de toutes ses folies qu'il le frappa pour le rappeler à la raison.

En 1828, j'entendis une querelle violente qui s'était élevée entre Cadet Dumas et sa belle-sœur, je sus bientôt ce qui s'était passé, Cadet Dumas avait voulu frapper Mme Dumas d'un coup de couteau. Quant à la cause de cette querelle, je ne la connais pas. Dans le courant de cette année 1828, Cadet Dumas se disait directeur de toutes les mines ; il me disait qu'il allait être riche à millions.

En 1829, Cadet Dumas passait déjà pour fou dans toute la ville de Rive-de-Gier; on l'appelait le fou dans les cafés et même dans les rues. On se moquait de lui parce qu'on le voyait marcher et parler seul en gesticulant comme un insensé. Dans le café Peyrot il y avait une chanteuse qui avait attiré son attention et au sujet de laquelle on se moquait de lui. Il donna un jour 20 francs à cette chanteuse lorsqu'elle recueillait les offrandes des assistants, et cependant Cadet Dumas n'était pas généreux, même pour les pauvres. Cette année-là, il continuait à me dire qu'il était riche à millions et m'engageait à quitter mon commerce.

En 1830, les extravagances de Dumas ne firent qu'augmenter, il courait seul dans les rues en gesticulant : j'entendis un jour des enfants qui le suivaient le traitant de *fou*. Je le fis rentrer immédiatement. A cette époque, il alla à Lyon y échanger un beau cheval contre une rosse et donna en outre un billet de 1,300 fr. Après la révolution de juillet, il allait dans les réunions et les banquets politiques, se livrait à la risée de tout le monde par ses excentricités, disant une foule de choses insignifiantes, d'après ce que m'a rapporté mon mari qui y a assisté.

En 1831, Cadet Dumas continua en public ses divagations et se disait empereur, amiral, directeur des mines ; après la mort de son père, il se disait le plus fort maître de tout, millionnaire, et m'engageait toujours à abandonner mon commerce, attendu qu'il avait de la fortune pour tous. Je l'ai vu plusieurs fois en chemise sur son balcon et une fois même il s'y est mis entièrement nu ; il gesticulait et pérorait. Je l'ai vu une fois en écharpe sur son balcon, il se proclamait empereur et grand amiral de France.

En 1852, le matin du Mardi-Gras, des ouvriers charbonniers amenèrent le nommé Journoud, mari de la domestique de Cadet Dumas, à la porte de celui-ci ; ils l'avaient placé dans une brouette. Dumas descendit se mêla avec eux et se mit à rire, à gesticuler et à parler en des termes qui lui attirèrent la dérision générale. A cette époque ses extravagances étaient plus fréquentes et de plus en plus significatives ; ainsi il avait la manie de faire des donations et des billets à toutes les personnes de la maison. Quant à moi il m'en faisait à chaque instant, sur le premier chiffon de papier qui lui tombait sous la main ; ces billets étaient de sommes diverses : 500 fr., 1,000 fr., 10,000 fr., etc. ; il m'en a fait un jour un de 50,000 fr. Je n'attachais aucune importance à tous ces billets, tant j'étais convaincue qu'ils ne valaient rien. J'appréciais de même la dona- tion qu'il me fit de sa maison et de toutes ses mines. Un jour il me dit qu'il avait donné 10,000 fr. à un nommé Zacharie, ajoutant : Ah le b..., sera bien content. Je me rappelle que c'était le 3 juin 1832. Une dizaine de jours après, il s'élança sur son balcon tout nu et allait se pré- cipiter lorsque j'arrivais heureusement pour l'en empêcher. Je l'ai soigné pendant deux jours et deux nuits pendant lesquels il n'a cessé de se mettre complètement nu en gesticulant dans sa chambre, lorsque je l'ai empêché de se précipiter du balcon, je fis appeler M. Bethancourt qui lui fit pratiquer une saignée. Je préparais les draps pour son lit, ce qui le rendit furieux, car il me dit : « Vous voulez donc m'ensevelir, » et en même temps il se précipita sur moi en me saisissant violemment par le milieu du corps. Je crus alors qu'il était prudent de placer trois hommes dans la pièce voisine. Ces trois hommes sont morts depuis. Deux jours après on prit des mesures pour l'emmener à Lyon. Lorsque le docteur Bethancourt se présenta dans sa chambre portant un corset de force, Dumas à cette vue entra en fureur, s'arma d'un couteau et tout le monde s'enfuit devant lui : le docteur Richarme seul fût assez coura- geux pour essayer de le maîtriser, et dans la lutte ils ont roulé ensemble jusqu'au bas de l'escalier où on s'empara de Dumas, après quoi on le plaça dans une voiture qui le conduisit à Lyon, dans la maison de santé Binet. Je ne sais combien de temps il y est resté, toujours est-il qu'il s'en est échappé avec le domestique qui le soignait et qui était d'accord avec lui. Il se rendit chez son frère à Saint-Maurice où je suis allé le voir dans le courant de l'automne 1832. Dès qu'il me vit il manifesta le désir de revenir chez lui à Rive-de-Gier, ce qu'il fit avec son domesti- que et moi le jour même. Il n'était pas parfaitement guéri, en effet quoi- qu'il fit moins d'extravagances, il répétait souvent qu'il était empereur, grand-amiral et directeur général des mines de Rive-de-Gier. Deux ou trois ans après, ils s'est mis à courir, à battre la campagne, si bien qu'on a été obligé de l'emmener à Saint-Jean-de-Dieu. Je ne puis dire préci- sément combien de temps il est resté à Rive-de-Gier, mais ce que j'affirme c'est que sa raison était encore plus égarée que la première fois qu'on l'emmena à Lyon. Enfin, je déclare formellement que selon moi, Cadet Dumas n'a jamais été, depuis 1827, en possession de sa raison, même pendant une heure. J'ajoute que dans le courant des années 1829, 1830, 1831, Dumas venait fréquemment au moment des repas chez moi et sans attendre que je l'engageasse à se mettre à table, il goûtait de tout, prenait les mets avec les doigts et mangeait sans pain; il ne faisait cela qu'en l'absence de mon mari. Enfin, je dois dire qu'il avait une antipathie très prononcée contre les prêtres dont il ne parlait jamais qu'en termes malveillants et dédaigneux. En ce qui touche les pauvres, je ne l'ai jamais vu leur donner un sou.

Lecture faite le témoin a persisté.

Dixième témoin.

PIERRE POINT aîné, 72 ans, propriétaire-rentier, demeurant à Rive-de-Gier, dépose :

Je connaissais Cadet Dumas depuis son enfance, j'avais remarqué qu'en grandissant sa raison n'était pas complète et c'est pour cela que j'évitais de me trouver avec lui. Quelquefois néanmoins ne pouvant l'éviter, il m'adressait la parole et me disait des choses insignifiantes ou qui n'avaient pas de sens; aussi passait-il dans toute la ville de Rive-de-Gier pour être privé de sa raison. Dans les cafés on s'en amusait : il s'y conduisait comme un insensé, allant et venant, gesticulant. Un jour je l'ai entendu dire qu'il était *empereur*. On m'a rapporté de plus qu'il se donnait pour directeur général des mines de Rive-de-Gier; mais cela ne m'a été dit que ces jours-ci.

Lecture faite le témoin a persisté.

Onzième témoin.

JEAN-BAPTISTE POINT, 71 ans, directeur des équipages de la Compagnie de la Loire, à Rive-de-Gier, y demeurant, dépose :

J'ai connu Cadet Dumas depuis son enfance, et dès 1828 j'avais remarqué que son intelligence était altérée; ce n'était pas un homme sérieux, il parlait en divaguant et gesticulant comme un homme qui n'a pas toute sa raison ; on se moquait de lui dans les cafés et il passait pour fou dans la ville de Rive-de-Gier. On m'a raconté qu'il se donnait pour directeur des mines et qu'il se croyait empereur ; on disait de plus qu'il se promenait quelquefois sur son balcon tout nu, enfin je ne l'ai jamais vu en possession pleine de ses facultés intellectuelles depuis 1828 jusqu'au jour où il a été emmené à Lyon dans une maison de santé.

Lecture faite le témoin a persisté.

Douzième témoin.

Julien LEGAUT, 75 ans, ancien maréchal-ferrand, demeurant à Rive-de-Gier, dépose :

Cadet Dumas était beaucoup plus jeune que moi et je ne l'ai guère connu avant 1830 ; à cette époque je me suis rencontré plusieurs fois avec lui au café et j'ai remarqué que ses amis s'en amusaient. Il ne paraissait pas en effet avoir le complet usage de sa raison, aussi passait-il à Rive-de-Gier pour un insensé dont les enfants même se moquaient en le suivant dans les rues qu'il parcourrait en faisant des grimaces.

A la fin de 1831, dans le courant de décembre, il vint me trouver dans mon atelier en disant qu'il était empereur, qu'il allait acheter quatre beaux chevaux et qu'il faudrait les ferrer en or. Il portait des bottes à revers rouge ; comme je compris qu'il divaguait, je lui répondis que nous nous occuperions de cela plus tard. Je l'ai vu plusieurs fois dans le café se livrer à la risée de ses amis qui le faisaient jouer à tête ou pile en lui disant : « S'il tourne pile nous avons gagné ; s'il tourne tête vous avez perdu. » De telle sorte que Dumas perdait toujours sans comprendre la plaisanterie, mais néanmoins on ne le faisait pas payer. Un jour qu'il était au café Dévigne, l'huissier Bialon survint et à peine était-il assis que Cadet Dumas, sans lui adresser la parole, lui lança un verre vide et Bialon s'étant détourné évita le coup et le verre brisa une glace qui était derrière. Les assistants ne donnèrent pas d'autres motifs à cet acte que la folie bien connue de celui qui le commettait et qui se retira aussitôt sans mot dire.

J'ai très souvent entendu dire que Cadet Dumas se posait sur son balcon en chemise et même entièrement nu, gesticulant et faisant des grimaces.

Lecture faite le témoin a persisté.

Treizième témoin.

Mathieu DESVIGNES, 54 ans, cafetier, demeurant à Lyon, place des Célestins, dépose :

J'ai vu Cadet Dumas venir souvent dans le café de mon père à Rive-de-Gier, il était la risée des habitués et même de ses amis. Quoique je ne prétàsse pas une attention bien grande à ce qu'il pouvait dire et faire, j'avais cependant remarqué qu'il ne jouait jamais et plusieurs fois je l'ai entendu dire à haute voix qu'il était *empereur*. Un jour je l'ai vu lancer un verre à la tête de l'huissier Bialon qui put se détourner et éviter le coup. J'ignore quel était le motif de cette brutalité. Ce que je puis affirmer, c'est que Cadet Dumas passait pour fou à Rive-de-Gier dès 1828 ou 1829. Les faits que je viens de rapporter se placent entre 1828 et 1832.

Lecture faite le témoin a persisté.

Quatorzième témoin.

Antoine CADIER, 54 ans, propriétaire au hameau de Girard, commune de Lorette, dépose :

Je sais peu de chose, des faits interloqués, surtout de ceux qui se placent après 1830. Auparavant et dès 1828, j'avais remarqué que Cadet Dumas ne jouissait pas de toutes ses facultés intellectuelles, aussi les enfants s'amusaient-ils de lui dans les rues en l'appelant le *fou*. Il jouait aux billes avec eux et j'ai toujours ouï dire qu'à Rive-de-Gier il était connu pour être *fou*. Il venait assez souvent chez mon père, épicier, son voisin immédiat; il entrait en gesticulant, en chantant comme un insensé et butinant dans les bocaux ou dans les caisses ce qui lui convenait sans offrir de paiement. Mon père le tolérait parce qu'il savait qu'il n'avait pas sa raison. Une fois, en 1829, je l'ai vu se mettre à son balcon en chemise, il faisait des gestes, poussait des cris et disait : « Je veux être empereur. » Comme j'ai quitté Rive-de-Gier en 1830, j'ignore ce qu'a pu faire depuis Cadet Dumas.

Lecture faite, le témoin a persisté.

Quinzième témoin.

PIERRE GENEVET, 67 ans, employé chez M. Prugnat, négociant, demeurant à Rive-de-Gier, dépose :

J'avais de très bons rapports avec la maison Dumas depuis long-temps, et je connaissais beaucoup Cadet Dumas; je puis dire qu'il n'avait pas toute sa raison; ses idées étaient bizarres et quelque fois sans suite. Dès 1830, autant qu'il m'en souvienne, j'avais remarqué que sa raison s'égarait de plus en plus, aussi passait-il déjà pour fou à Rive-de-Cier. J'ai ouï dire qu'il se mettait à son balcon en chemise. Un jour, en 1830 ou 1831, Cadet Dumas vint chez moi, j'étais à table et je lui offris à s'y mettre, il répondit par des ricanements en se promenant avec agitation, et enfin il s'arrêta devant un plat et prit avec la main ce qu'il y avait, le porta à la bouche et le rejeta en continuant sa promenade toujours en riant sans motif et un instant après il se retira.

Lecture faite, le témoin a persisté.

Séance du 26 novembre 1864.

LAURENT (JEAN), âgé de 76 ans, demeurant à Lyon, place Belle-cour, n° 33, dépose :

J'ai connu beaucoup la famille Dumas; nous étions voisins de maisons à Rive-de-Gier et voisins de vigne à la campagne. M. Dumas, qui portait le même nom que son fils cadet, avait trois enfants. En

1825, je fus chargé, faisant partie d'une société dans laquelle il avait la plus forte part, de diriger la mine de la Petite-Cappe. Je gardai cette direction jusqu'en 1829, époque où la mine fut envahie par les eaux. En 1830, je fus invité par M. Dumas à aller pour quelques jours à la campagne, au moment de la fête du pays; j'y restai deux jours avec ma femme, et là j'eus occasion d'apprécier son fils cadet, Jean-Marie Dumas. Ce jeune homme était très orgueilleux et très vaniteux; sa conversation n'était pas sensée, sa raison s'égarait; il prétendait donner des conseils pour la direction des mines, et il vantait la fortune de son père, la disant bien supérieure à ce qu'elle était réellement. Quelques mois après, en 1831, je fus appelé par Dumas père, qui me fit demander parce qu'il était malade. M. Dumas, quand je fus près de lui, me dit qu'il m'avait fait appeler pour faire partage de ses biens entre ses enfants; il les fit venir près de lui et leur fit part de ses dispositions; quelque temps après, M. Dumas père mourut. Les enfants étaient pressés de jouir, et, comme il existait un mineur qui est mort après avoir dissipé sa fortune en folies, on fut assiégé de demandes en partages judiciaires; à cet effet, je me rendis à Saint-Etienne pour m'entendre avec l'avoué. Quelque temps après, je fus obligé de me rendre à Saint-Etienne pour un procès intéressant la Société de la Petite-Cappe. Comme les enfants Dumas y étaient intéressés, je demandai à ce que l'un d'eux m'accompagnât. Ce fut Jean-Marie Dumas, le cadet, qui vint avec moi. Nous arrivâmes ensemble, et nous descendîmes à l'Hôtel de France. Pendant que je m'occupais de mon cheval, il disparut. Je crus qu'il s'était rendu chez M. Morel, notre avocat; je ne l'y trouvai pas. Après avoir parlé à ce dernier, j'allai au Tribunal, où l'affaire était appelée et où je pensais le trouver; il n'y était pas. Deux heures s'étaient écoulées lorsque je revins à l'hôtel. Je demandai de ses nouvelles; on me répondit qu'il n'avait pas paru. Je me fis servir à dîner, et pendant que j'étais à table il arriva, et se mit à me raconter qu'il avait été au tir de pistolet et que là c'était lui qui avait toujours le plus approché du but. Nous revînmes ensemble à Rive-de-Gier. Je pris les rênes pour conduire. Pendant tout le trajet il ne fut pas question du procès; il ne m'entretint que du pistolet et de ses prouesses au tir. Le lendemain, je fus voir son

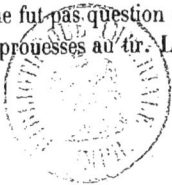

3

frère malade et lui racontai l'objet de notre voyage; il connaissait son frère et en fut tout attristé.

Quelque temps après, Jean-Marie Dumas se fit faire une paire de bottes rouges, et il se posait, pour qu'on le vit bien, sur le balcon de sa maison. Il s'était fait faire une bague chevalière qu'il portait à l'index de la main gauche, et, pour la faire remarquer, il mettait sa main sur le billard et l'y laissait bien longtemps. Pour se moquer de lui, le fils d'un maître de verrerie de Rive-de-Gier, nommé Binachon, avait fait faire une vingtaine de bagues du même calibre qu'il avait distribuées à ses amis. Parmi les joyaux qu'avait laissés Mme Dumas, se trouvait une croix en or dite *Papillon ;* Jean-Marie Dumas portait cette croix suspendue à son cou par un large ruban rouge, disant qu'il était amiral de France. Tous ces faits ont eu lieu en 1850 et 1851, quelque temps avant qu'il fût conduit dans une maison de santé de Lyon. Dans ma conviction, il était déjà fou depuis l'époque où je l'avais vu à Saint-Maurice.

J'ai entendu dire qu'il souscrivait des billets à différentes personnes, et pour des sommes qu'il ne devait pas, notamment à un nommé Escoffier, dit Grobet, domestique, auquel il avait fait un billet de six mille francs ; il était maniaque, et il donnait souvent aux commissionnaires des pour-boire valant plus qu'ils apportaient ; il dînait souvent à 2 fr. 50 c. et donnait 5 fr. d'étrenne au garçon. Tout Rive-de-Gier appelait Jean-Marie Dumas *le fou,* c'était de notoriété publique.

J'ai oublié de vous dire que, dans la requête qui fut présentée au Tribunal de Saint-Etienne, il avait voulu être porté demandeur, et cela par vanité.

Jean-Marie Dumas a été, en 1852, conduit chez M. Binet, tenant une maison de santé ; il s'est échappé de cette maison ; puis, repris, il a été enfermé dans l'asile de Saint-Jean-de-Dieu, où il est resté environ pendant vingt-cinq ans.

Plus n'a dit.

Séance du 12 janvier 1865.

Premier témoin.

ANTOINE PERROT aîné, 68 ans, directeur des mines du Plat-de-Gier, demeurant à Rive-de-Gier, dépose :

J'ai connu Cadet Dumas depuis son enfance, mais je ne l'ai fréquenté que depuis 1830. A cette époque, nous étions liés et nos relations étaient assez suivies. J'avais remarqué qu'on se moquait de lui et comme j'agissais tout autrement à son égard, il s'était attaché à moi. Je tenais alors l hôtel du Nord à Rive-de-Gier; il venait fréquemment dans l'hôtel qui était fréquenté par des jeunes voyageurs, marchands de charbons qui s'amusaient quelque-fois aux dépens de Cadet. Celui-ci allait ordinairement au café Desvignes où nous nous rencontrions avec d'autres jeunes gens de Rive-de-Gier. Là encore, Cadet Dumas était l'objet de la risée des habitués, et il m'est arrivé souvent de prendre son parti. Je lui conseillais surtout de ne pas jouer, parce qu'il n'était pas capable de défendre ses intérêts. Dans le courant de 1831, il me fit appeler, ce qui lui arrivait souvent, et je me suis rendu chez lui. Il se présenta à moi après m'avoir ouvert (sa porte était fermée à double tour); il se jeta dans mes bras en tirant la langue et disant qu'il était empoisonné. Je m'efforçai de le calmer en le raisonnant et en lui promettant de revenir le voir ; mais j'eus quelque peine à lui faire entendre raison, il persistait à me montrer sa langue en me disant qu'on lui avait donné de l'arsenic. Je dois dire que j'avais pris quelques précautions pour me garantir de sa fureur, parce qu'on m'avait annoncé qu'il était armé et qu'il n'était pas prudent de l'appro-cher. Je remarquai, en effet, qu'il y avait sur la table un couteau de cuisine et un perce-feu ; mais il n'a pas fait mine de s'en servir et d'ailleurs j'avais eu la précaution préalable de placer ces objets à l'écart.

Quelque temps après cette scène, dans le courant de l'automne, sans que je puisse préciser autrement l'époque, Cadet Dumas partit pour Lyon, sur mes instances, pour aller se faire traiter dans une maison de santé. J'ai ouï dire, en effet, qu'il avait été placé dans un établissement de cette nature, mais je ne sais combien de temps il y est resté. Toujours est-il que je l'ai vu à son retour, un an ou un an et demie après, mais je déclare que sa situation mentale n'avait pas sensiblement changé. Je puis, du reste, affirmer que Cadet Dumas passait pour fou, généralement à Rive-de-Gier ; quant à moi je n'en faisais pas le moindre doute même avant la scène de son prétendu empoisonnement. J'avais cette opinion bien arrêtée, c'est à dire que déjà il n'était pas bien sain d'esprit, et dans la ville de Rive-de-Gier, on l'appelait Dumas le fou, de sorte que lors-qu'il a été emmené à Lyon, cela n'a étonné personne. Je dois ajouter que Dumas a été une seconde fois emmené dans une maison de santé à Lyon ; depuis lors, je n'étais guère au courant de ce qui l'intéressait.

J'explique que lorsque j'ai déterminé Dumas à aller à Lyon, j'ai été obligé de lui dire que j'avais besoin de lui pour me marier, il savait qu'il était alors question de mon mariage ; bien entendu que je ne lui parlais ainsi que pour le décider. Je ne me suis d'ailleurs marié que deux ans après.

Lecture faite, le témoin a persisté.

Deuxième témoin.

Marie OSTORGUE, femme COURET, 68 ans, marchande, demeurant à Rive-de-Gier, dépose :

Dans le courant de 1851 ou 1852, en été, je me trompe, c'était au printemps, un mardi, entre onze heures et midi, je vis Cadet Dumas suivi par une foule d'écoliers qui riaient en le voyant couvert de dorures ; il avait en effet plusieurs chaînes d'or autour du cou ; d'une main il agitait ses dorures et tenait de l'autre un mouchoir. Il marchait comme un homme pressé, disant : « Laissez-moi vite passer, l'empereur m'attend, je vais dîner avec l'impératrice. » Cela se passait place Grenette, un jour de marché, beaucoup d'autres per-sonnes ont pu entendre et voir comme moi. J'ai appris quelques jours après que Cadet Dumas avait été emmené à Lyon. Nous disions entre voisins que ce jeune homme était fou et que c'était bien malheureux pour lui. D'autres personnes dans la ville de Rive-de-Gier disaient également que Cadet Dumas était devenu fou. Ce qui me permettra de préciser l'époque de la scène que je viens de rapporter, c'est que je suis accouchée quelques jours après de mon dernier enfant Jean-Claude Couret.

Lecture faite, le témoin a persisté.

Troisième témoin.

CLAUDE PAGIS, 65 ans, commis-greffier de la justice de paix de Rive-de-Gier, y demeurant, dépose :

Dans le courant de l'automne de 1831, Cadet Dumas vint dans l'étude de Me Ronat, notaire, où j'étais clerc, il réclamait des papiers dont il devait le coût ; comme il n'offrait pas de s'acquitter, je lui répondis que je n'avais rien à lui remettre. Il ne s'attendait pas à mon refus qui parut le contrarier. En entrant, il avait l'air agité, les yeux égarés, le teint pâle et un air audacieux, ce qui se remarque chez les maniaques. Cadet Dumas toutefois se retira sans plus insister. Il revint quelques jours après, adressa la même réclamation à M. Ronat lui-même, qui après quelque hésitation, finit par lui donner les pièces, en prenant pour témoin M. Perret qui était présent. Ce qui détermina le notaire à se désaisir des pièces sans toucher le payement, c'est qu'il avait des intérêts dans l'exploitation du logis des Pères dans laquelle était aussi intéressée la famille Dumas. Quatre ou cinq mois après environ, M. Ronat m'envoya chez Cadet Dumas pour toucher le montant d'une valeur. Je m'y rendis, mais en prenant la précaution de m'y faire accompagner par M. Guinand, clerc dans la même étude. J'avais le pressentiment qu'il m'arriverait quelque chose, parce que je savais que Cadet Dumas était sujet à des accès de folie et que dans un de ces accès, je pouvais craindre qu'il ne m'enlevât le titre dont j'allais faire le recouvrement. Nous frappâmes à la porte de Cadet Dumas qui vint nous ouvrir lui-même et après nous avoir introduit dans sa chambre, il referma la porte à clef et mit la clef dans sa poche, ce qui nous

surprit beaucoup, d'autant plus qu'il avait encore l'air très agité et les
yeux égarés, le teint pâle et des allures de commandement; néanmoins
après avoir réfléchi, il s'exécuta en nous comptant le montant qui lui
avait été réclamé: mais il ne fit cela qu'en s'agitant beaucoup, ce qui
tenait notre attention éveillée. Je savais d'ailleurs qu'il avait eu certaines
maladies, disait-on, dont le traitement avait eu pour conséquence de lui
laisser une inflammation considérable du système nerveux; c'est ici le
cas de dire que deux ou trois mois environ après, dans le mois d'avril
ou dans le mois de mai, autant qu'il m'en souvienne, Cadet Dumas fut
emmené à Lyon dans une maison de santé, ce qui n'étonna personne
à Rive-de-Gier, où depuis longtemps déjà on le voyait souffrant. Il était
notoire, en effet, qu'il était maniaque. Je ne sais s'il est revenu de Lyon
ni combien de temps il y est resté, toujours est-il que je ne l'ai pas revu
depuis, quoique je n'ai jamais quitté Rive-de-Gier.

Lecture faite, le témoin a persisté.

Quatrième témoin.

Antoine CHARREL, 46 ans, boucher, demeurant à Rive-de-Gier,
dépose :

J'habite la même rue où demeurait Cadet Dumas ; nous n'étions sé-
parés que par une petite maison. Je le voyais souvent et je le connaissais
beaucoup dans mon enfance. Il était alors connu à Rive-de-Gier sous le
nom de Dumas le fou, et en effet, j'ai été témoin de trois scènes caracté-
ristiques. J'ai vu un jour Cadet Dumas sur son balcon en chemise, appelant au secours et criant qu'on l'avait empoisonné. Une autre fois, il
courait dans la rue dans le même costume et les enfants le suivaient en
riant. J'étais du nombre, j'ai même aidé à le faire entrer chez lui; enfin
je l'ai vu un jour se rendant à la rivière en disant qu'il allait boire
parce qu'il venait d'être empoisonné. Ces scènes ont eu lieu, autant qu'il
m'en souvienne, dans le courant de la même semaine, en 1831 ou 1833.
J'avais alors 13 à 14 ans,

Lecture faite, le témoin a persisté.

Cinquième témoin.

MARIE MAGDINIER, femme PERRIN, 65 ans, ménagère, demeurant à Tartaras, dépose :

J'habitais une maison qui est en face de celle de Cadet Dumas, et en 1851 j'ai été plusieurs fois témoin d'actions extravagantes de sa part ; ainsi je l'ai vu plusieurs fois se placer en chemise sur son balcon et monter la garde avec un fusil, le matin en plein jour. Je n'ai pas remarqué que les passants s'arrêtassent pour regarder Dumas ; je ne pourrai donc dire s'il a ou non attiré leur attention. En arrivant sur son balcon, il proférait quelques paroles que je ne puis me rappeler, mais qui ne sont pas restées dans mon souvenir, comme étant des paroles raisonnables. Un jour je l'ai vu de ma fenêtre dans sa chambre, montant la garde en chemise, tenant un fusil sur l'épaule, il allait et venait, parlant beaucoup, mais je ne distinguais pas ce qu'il disait. Je me suis rendu un autre jour chez lui où j'avais été appelée par sa domestique qui réclamait mon concours pour calmer son maître. Je ne me rappelle pas le nom de cette domestique. Nous trouvâmes Cadet Dumas debout sur son lit et en chemise ; il était occupé à jeter des pièces d'argent en l'air, lesquelles retombaient sur son lit et étaient relancées de nouveau, puis il descendit de son lit et monta la garde avec un fusil sur l'épaule, en se promenant autour de son lit, chantonnant. Ces scènes se passaient en 1831. Plus tard et le 1ᵉʳ mai 1832, j'étais au marché de la place Grenette, où je fus rencontré par Cadet Dumas qui me demanda où j'allais, je lui répondis : « M. Dumas, je vais au marché. » Ne m'appelez pas Dumas, ce n'est pas mon nom. — Mais vous êtes bien le fils Dumas ? — Oui, me dit-il, mais je vais épouser la fille de l'empereur et je m'appelle Sire, et c'est le nom qu'à l'avenir vous devrez me donner. — Sans doute, dès que vous m'aurez fait part de votre mariage.

Il était décoré d'une croix en diamant appartenant à sa mère. Un mois environ après, il fut emmené à Lyon dans une maison de santé. Tout le monde accourait pour le voir partir. On disait : « Venez voir Cadet Dumas qu'on emmène à Lyon, il est fou. »

Je dois déclarer que longtemps avant il passait pour fou à Rive-de-Gier. Quand il sortait de chez lui les voisins disaient en le désignant : « Voyez Dumas qui est fou. » Quant à moi qui le voyais souvent chez le ferblantier Joassard, son parent et notre voisin, je l'avais jugé fou à sa conversation, car aucune de ses paroles n'avait de suite et il n'avait guère de moments lucides. J'ajoute que je l'ai vu plusieurs fois dans la rue suivi par la foule des enfants qui riaient en le désignant par ces mots : « Venez voir M. Dumas qui est fou. » Cela se passait en 1831 et 1832. Je ne sais combien de temps Cadet Dumas est resté à Lyon, en 1832, je sais qu'il en est revenu, puisqu'il y a été ramené une seconde fois à une époque que j'ignore, mais toujours est-il que je ne l'ai pas revu depuis son premier transfert à Lyon, quoique je n'ai cessé d'habiter la rue Grenette qu'en 1840.

Lecture faite, le témoin a persisté.

Sixième témoin.

Isabelle CADIER, femme CELIS, 40 ans, aubergiste à Rive-de-Gier, dépose :

J'ai vu plusieurs fois Cadet Dumas se mettre au balcon en chemise. J'avais alors 8 à 10 ans et les enfants de mon âge riaient comme moi en le voyant dans cette attitude. Il criait et s'agitait beaucoup, paraissait très agité et se lamentait souvent dans le cours de ces scènes. Il passait alors pour fou dans la ville de Rive-de-Gier. J'ai appris quelque temps après qu'on l'avait transféré à Lyon dans une maison de santé à ce que je crois.

J'ajoute que j'ai vu une fois Cadet Dumas sortir de chez lui en chemise, mais on le fit rentrer presque aussitôt.

Je ne l'ai pas revu depuis. J'ai été absente de Rive-de-Gier pendant deux ou trois années depuis l'âge de 12 à 15 ans.

Lecture faite au témoin de sa déposition, il a déclaré y persister.

Septième témoin.

Pauline DELAY, femme MUSCAT, 45 ans, rentière, demeurant à Rive-de-Gier. rue du Plâtre, dépose :

J'ai vu un jour, en plein midi, Cadet Dumas suivi par une foule d'enfants qui disaient . « *Voilà M. Dumas le fou.* » Il portait des anneaux et quelques diamants à son chapeau. Il gesticulait disant : « *Je suis le roi, le marquis, etc.* » Je me rappelle ces choses comme un songe. J'avais alors 12 à 13 ans au plus ; j'entendais souvent parler de Cadet Dumas dans ma famille. Il passait, et je savais cela par mes parents, pour fou dans Rive-de-Gier.

Lecture faite au témoin de sa déposition, il a déclaré y persister.

Huitième témoin.

Claudine CHAUMIER, veuve MERCIER, 69 ans rentière, demeurant à Rive-de-Gier, rue Féloin, dépose :

Je connais la famille Dumas dès 1824. Déjà à cette époque Cadet Dumas passait pour fou à Rive-de-Gier. Je l'ai vu emmener à Lyon dans une maison de santé au mois de juin 1832. L'année précédente il avait vendu du blé à un prix très inférieur à sa valeur réelle ; le *grand biché,* ancienne mesure qui valait alors 3 fr. 50 à 3 fr. 60, il l'a livré pour 2 fr. 25. Mon mari lui en a acheté *dix bichés,* et un nommé Claude Poudre en a pris 25.

J'ai souvent entendu dire, avant 1832, que Cadet Dumas se montrait en chemise sur son balcon et lorsqu'on l'a emmené à Lyon, on disait dans le public : nous ne verrons plus ses extravagances.

Je ne l'ai pas revu depuis cette époque, mais j'ai ouï dire qu'il était revenu de Lyon.

Ce qui fait que j'ai pu fixer mes souvenirs, c'est que le 24 avril 1832 est une date que je ne saurais oublier : c'est le jour où je suis accouchée de deux enfants de sèxe différent, et qui adhéraient par l'épaule. Je

4

n'étais pas encore rétablie de mes couches, quand j'ai vu emmener Cadet Dumas à Lyon, comme je l'ai dit.

Lecture faite au témoin de sa déposition, il a déclaré y persister.

Neuvième témoin.

André VIGNET, 45 ans, cafetier, demeurant à Saint-Chamond, dépose :

Je suis né dans une maison de la rue Grenette. Dans mon enfance je voyais Cadet Dumas tous les jours ; à cette époque il ne me paraissait pas en possession de sa raison. J'avais alors 12 à 13 ans et je savais qu'il passait pour fou à Rive-de-Gier. En effet, je le voyais aller et venir tous les jours dans une grande agitation, parcourant la place Grenette, de la Halle à la Croix, gesticulant et parlant, les enfants le suivaient, moi comme les autres et nous lui demandions en riant : « M. Dumas, est-ce aujourd'hui que vous êtes roi ? » Il nous répondait ordinairement : « Oui, j'ai reçu ma nomination hier ou avant-hier. » Le jour de la Saint-Philippe 1832, autant qu'il m'en souvienne, je l'ai vu d'abord à sa croisée pérorer et gesticuler ; il descendit dans la rue, il allait et venait, portant une décoration à sa boutonnière, c'était une croix ornée de diamants qu'on disait appartenir à sa mère. Cette croix était attachée par un ruban tricolore ; Dumas paraissait très agité et disait en s'animant : « C'est aujourd'hui que je suis roi, amiral, empereur, directeur des mines, etc. » On en riait dans le quartier; les enfants seuls l'entouraient, mais les personnes raisonnables ne s'en occupaient pas.

Lecture faite, le témoin a persisté.

Dixième témoin.

Pierre ROUX, 46 ans, propriétaire, au pont de Couzon, commune de Châteauneuf, dépose :

Les faits sur lesquels j'ai à déposer se rapportent à ceux admis en preuve commençant le 30 avril 1832. Avant cette époque, j'étais trop jeune pour me rappeler ce qu'a pu faire et dit Cadet Dumas et qui ait pu me laisser une impression quelconque. La veille de la Saint-Philippe 1832, avant la nuit, Cadet Dumas sortit de chez lui portant au cou une chaine de femme en or à plusieurs rangs, dont il avait fixé la plaque à sa boutonnière en guise de décoration. Dès que nous l'aperçumes, moi et d'autres enfants et même des personnes plus âgées, nous l'entourâmes en disant : « Monsieur Dumas est décoré. » *Ne m'appelez pas M. Dumas*, dit-il, *appelez-moi Sire, je suis le roi Louis-Philippe.* » Quelques jours plus tard, je le vis à sa fenêtre gesticulant et disant : « *Je veux ma colombe, je l'aime, je la veux.* » Le lendemain ou le sur-lendemain il se mit sur son balcon tout en chemise et criait : « *Où est-elle ma colombe, elle a voulu m'empoisonner parce que je suis empereur. Il faut que je la tue.* » A peu près à la même époque, à quelques jours d'intervalle, entre onze heures et midi, il était sur son balcon dans la cour criant : « *Au secours, à l'assassin* ; armé d'un couteau de cuisine il se débattait avec les docteurs Richarme et Bethancourt. Il était en chemise, il survint plusieurs personnes qui firent cesser cette scène. Une autrefois, toujours à la même époque, sans que je puisse autre-ment préciser, je le vis qui se rendait du côté du Gier et qui buvait de l'eau qui paraissait malpropre, se mettant les doigts dans la bouche pour se faire vômir, annonçant que sa colombe ou colonge l'avait empoison-née parce qu'il était empereur. Cette colombe ou colonge était attachée à son service à ce que je crois, peut-être était-elle au service de M. Joa-nard qui demeurait en face. Une autre fois, toujours à la même époque, Dumas sortit de chez lui portant sa décoration sus-mentionnée et ses chaînes d'or, se dirigeant sur la route de Lyon, suivi d'une foule d'en-fants qui grossissait en avançant; les uns lui jetaient de la boue, les autres des pierres. Peu de temps après, je crois, il fut emmené à Lyon dans une maison de fous. Deux ou trois mois après il revint et je le vis dans sa maison, mais je ne lui ai pas parlé. Plusieurs années après, je crois, il a été emmené une seconde fois à Lyon ; mais comme j'ai quitté Rive-de-Gier le 15 octobre 1832, je ne sais ce qui s'est passé en ce qui concerne Dumas depuis cette dernière époque.

Lecture faite, le témoin a persisté.

Onzième témoin.

JACQUES TARDY, 62 ans, aubergiste à Saint-Chamond, place Saint-Pierre, dépose :

Le 1ᵉʳ mai 1852, j'étais sur la place de la Grenette, à Rive-de-Gier, je vis un homme qui portait au cou des chaînes d'or et des décorations à sa boutonnière : on tirait les boîtes dans ce moment et cet homme dit : « *C'est pour moi qu'on tire ces boîtes, je suis le roi, l'empereur ; cries vive le roi Dumas.* » Il fut aussitôt entouré d'enfants et d'autres personnes qui se demandaient ce que cela signifiait. J'entendis que l'on disait : « *Il est fou cet homme,* » et d'autres personnes qui paraissaient le connaître disaient : « *C'est Dumas le fou.* » Cela se passait au milieu de la journée.

Lecture faite, le témoin a persisté.

Douzième témoin.

JEAN DEPAULIS, 74 ans, maître plâtrier, demeurant à Rive-de-Gier, dépose :

Dans le courant de l'été 1851, je travaillais pour M. Dumas père, dans sa maison de Saint-Maurice-sur-Dargoire, lorsque je vis arriver Cadet Dumas, un jour en plein midi, coiffé d'un chapeau gancé à la française, forme de la Confédération ; il se présenta à nous, nous étions cinq à six ouvriers, en portant la main à son chapeau qu'il souleva et replaça sur sa tête, en nous disant d'une voix assurée : « *Je suis empereur, faites mon travail comme ouvrage de souverain.* » Je répondis : « *Oui, monsieur,* » et il se retira sans rien dire. Les personnes auxquelles je racontai cela à Rive-de-Gier me dirent que en effet Cadet Dumas n'avait pas la plénitude de sa raison.

Je demeurais alors comme aujourd'hui rue de Lyon, n° 42. J'ai habité cette maison 60 ans ; je ne sais pas autre chose des faits interloqués.

Lecture faite, le témoin a persisté.

Treizième témoin.

ANTOINE RAYMOND, 44 ans, rentier, demeurant à Rive-de-Gier, dépose :

J'ai vu un jour, en 1851 ou 1852, Cadet Dumas qui buvait de l'eau du Gier qui ne paraissait pas propre en disant qu'il était empoisonné ; il avait l'air agité ; nous étions 4 ou 5 enfants qui lui jettions des pierres en l'agaçant. J'étais fort jeune alors, mais j'avais ouï dire par les voisins que M. Dumas était fou ; néanmoins, je ne lui ai pas vu faire d'autres extravagances.

Lecture faite, le témoin a persisté.

Quatorzième témoin.

FRANÇOIS SÉON, 67 ans, propriétaire, demeurant à Rive-de-Gier, dépose :

En 1830 ou 1831, je revenais de Lyon avec des chevaux appartenant à M. Point. Je rencontrais Cadet Dumas à la Roussillière ; il vint à moi et me demanda à qui appartenait les beaux chevaux que je conduisais. Je lui dis qu'ils appartenaient à M. Point, au service duquel j'étais ; il me questionna sur mon gage, je lui dis que je gagnais 60 fr. par mois : « *Vous viendrez demain chez moi, ajouta-t-il, vous soignerez mes chevaux qui seront ferrés en or et vous gagnerez 1,000 fr. par mois.* » Je lui fis observer en riant qu'il n'avait pas de chevaux ; « *on m'a écrit, répliqua-t-il, qu'on allait m'en envoyer,* » et disant cela il tira de sa poche un morceau de papier chiffonné qu'il a regardé comme pour le lire, mais j'ai vu qu'il n'y avait rien d'écrit dessus. Il ajouta qu'il allait donner des ordres à Saint-Maurice et nous nous sommes quittés ainsi.

Plus tard, à deux ou trois reprises différentes, quelques jours après, je l'ai vu portant des bottes rouges à revers jaunes ; ce qui jalonne mes souvenirs, c'est que j'ai quitté le service de M. Point dans le courant de cette année 1831. Je dois ajouter que plusieurs personnes à Rive-de-Gier m'avaient dit que Dumas était fou, si bien que lorsqu'il m'a parlé comme je viens de le rapporter, cela ne m'a pas étonné car j'ai pensé qu'on ne m'avait pas trompé. J'ajoute que j'ai rencontré plusieurs autres fois Cadet Dumas dans la rue, mais comme je ne lui ai pas parlé, je ne puis dire s'il était toujours plus ou moins fou. Du reste, je ne lui ai pas vu faire d'autres actes de folies. Je dois ajouter encore que dans le cours de 1830 ou 1831, j'ai vu une fois les enfants suivre Cadet Dumas dans la rue en l'agaçant.

Lecture faite, le témoin a persisté.

Séance du 13 janvier 1865.

Quinzième témoin.

FERJEU GRAISELY, 65 ans, marchand de charbons, demeurant à Grigny (Rhône), dépose :

J'étais ouvrier verrier à Rive-de-Gier, depuis 1802 jusqu'en 1844, j'allais souvent dans la maison Dumas où habitait M. Sablière, ouvrier verrier comme moi ; j'ai donc vu souvent la famille Dumas et je me rappelle que Cadet Dumas dès 1827 ou 1828 n'avait plus déjà l'usage complet de sa raison. En effet, un jour de ces deux années, j'allais à la chasse et je fus rencontré par Cadet Dumas qui me dit : « *Apportez-moi 12 oiseaux et je vous donnerai 25 kilogrammes de poudre des princes.* » Je lui répondis : « *Je rapporterai 24 oiseaux et nous les mangerons ensemble.* » Il me serra la main d'un air très satisfait en me disant : « *Eh bien je vous attends.* » Pendant un instant nous avons échangé ainsi des poignées de main comme l'on fait avec quelqu'un qu'on ne prend pas au sérieux. Plus tard et dans le courant du mois d'avril ou de mai 1832, je le vis un jour sur le pont de la ville portant sur la poitrine une espèce de camée représentant un papillon et qui était suspendu à une chaîne d'or ; il jouait avec ces objets. Comme il me connaissait, il m'adressa la parole et m'offrit d'aller prendre la bière au café Desvignes, ajoutant d'un air naturel, quoiqu'un peu agité : « *Venez, vous boirez avec votre empereur.* » Je le remerciai poliment et je me retirai. Je fus immédiatement raconter cela à feu mon oncle Coste qui n'en fut pas étonné et qui me dit : *Il y a longtemps que ce pauvre Cadet Dumas est dans cet état.* » J'ai moi-même pu apprécier plusieurs fois qu'en effet Cadet Dumas passait à Rive-de-Gier pour avoir perdu la raison. Quand j'étais à causer avec plusieurs de mes camarades et que Cadet Dumas passait, ceux d'entre nous qui ne le connaissaient pas demandaient qui il était, et l'on répondait ordinairement : « *C'est Dumas l'innocent.* »

Lecture faite, le témoin a persisté.

Seizième témion.

JEAN-BAPTISTE BAL, 65 ans, rentier à Villeurbanne, route de Crémieux, n° 15 (Isère), dépose :

J'ai habité Rive-de-Gier pendant 18 ans, y exerçant la profession de pharmacien de 1827 à 1845. Je fréquentais les jeunes gens de la ville au nombre desquels était Cadet Dumas. J'ai beaucoup connu sa famille dont j'étais le pharmacien ; je puis dire que dès cette époque de 1827, Cadet Dumas avait déjà perdu l'usage de sa raison. Les amis me racontaient qu'il avait eu en 1824 une maladie syphilitique, qui fut traitée à Lyon et que depuis ce traitement ils avaient remarqué que ses facultés intellectuelles étaient sensiblement altérées. Aussi ce jeune homme était-il connu dans tout Rive-de-Gier pour avoir perdu ses facultés intellectuelles ; il y avait des jours où sa raison était profondément altérée. Entr'autres faits à l'appui, plusieurs personnes m'ont raconté celui-ci : Un de ses oncles étant mort chez son père à la Grenette, Cadet Dumas allait le voir sur son lit de mort en disant aux domestiques de la maison : « *Je vais voir si le diable n'a pas emporté mon oncle,* » et pour s'en assurer il soulevait le cadavre.

Plusieurs fois dans le cours des années 1827, 1828 et 1829, je l'ai entendu dire en pleine rue : « *Je suis empereur.* » A cette même époque, plus de 20 personnes qui venaient dans ma pharmacie, m'ont successivement rapporté qu'elles avaient vu Cadet Dumas en chemise sur son balcon en plein jour. Dans le cours des trois mêmes années, les jeunes gens qui se réunissaient chez moi le dimanche pour y passer la soirée, racontaient en riant les paroles bizarres qu'ils avaient entendu proférer à Dumas pendant la semaine. En 1828, Cadet Dumas fut atteint une seconde fois d'une maladie vénérienne pour le traitement de laquelle j'ai fourni divers remèdes, dans lesquels entraient des préparations mercurielles qui étaient alors usitées dans la pratique. A ce sujet, je dois dire que selon moi les traitements mercuriels ont dû occasionner le dérangement des facultés mentales de Cadet Dumas.

En 1830, le père Dumas avait acheté un cheval de grand prix; son fils Cadet prit fantaisie un jour de le monter sous prétexte d'aller se promener à Saint-Maurice; mais il se rendit à Lyon d'où il revint quelques jours après avec une rosse qu'il avait échangée; en rendant en outre une somme importante. Son père en apprenant ce singulier marché en fut vivement affecté, si bien qu'il mourut quelques jours après.

Dans le courant de 1830 et 1831, Cadet Dumas continuait de donner des signes de démence, et enfin en 1832, le jour de la Saint-Philippe, le matin on tirait les boites sur le bord du Gier. J'étais sur ma porte en habit de musicien de la garde nationale, lorsque je vis venir du côté de la Grenette une foule de jeunes gens qui riaient. Je reconnus tout d'abord à leur tête Cadet Dumas en bourgeois disant : « C'est moi qui suis le roi. » Il tenait à la main une espèce de décoration qui était suspendue à son cou. Dans tout ce trajet, il répétait ces mêmes paroles : C'est moi qui suis le roi. C'est le dernier fait de démence dont j'ai été témoin. Quelques temps après il disparut de Rive-de-Gier et j'ai su qu'il avait été conduit à Lyon dans une maison de santé. Au bout de trois ou quatre mois il revint et je le revis chez lui pendant quelques années encore; mais je n'ai pas remarqué que sa situation mentale se fut sensiblement améliorée; puis quelques mois plus tard il fut emmené à St-Jean-de-Dieu où il est mort.

J'ajoute que dans le cours de la seconde maladie dont fut atteint Cadet Dumas, le docteur Bethancourt qui le soignait m'a raconté plusieurs fois, ainsi que le docteur Richarme que lorsque le premier de ces médecins se rendait chez Cadet Dumas, il trouvait celui-ci armé d'un couteau dont il menaçait son docteur, lequel était ordinairement obligé de se retirer. Je termine en affirmant que dans mon opinion Cadet Dumas était en état de démence, mais il avait des moments lucides. Je l'ai vu jouer au billard au café Reynaud, mais je dois dire que nous riions en le voyant jouer.

Lecture faite, le témoin a persisté.

Dix-septième témoin.

JEAN-MARIE BONJOUR, 45 ans, propriétaire-rentier, demeurant à la Magdeleine, commune de Saint-Maurice-en-Dargoire, dépose :

Dans le courant de 1831 à 1832, je me rappelle qu'en allant en classe avec mes camarades, je voyais quelquefois Cadet Dumas allant dans la rue, paraissant agité et nous le suivions en riant, tout en ayant peur de lui ; il gesticulait beaucoup et parlait seul en marchant. Nous nous excitions les uns les autres à le suivre et à le fuir en disant : Voilà Dumas le fou. Autant qu'il m'en souvienne, il portait au cou des dorures et toute son attitude, ses gestes nous indiquaient que c'était un homme qui faisait des folies. Je crois me rappeler aussi qu'il avait une chaussure bizarre, rouge, ou verte, qui n'était pas ordinaire.

Lecture faite le témoin a persisté.

Dix-huitième témoin.

PHILIBERT BONNET, 69 ans, propriétaire-cultivateur, demeurant à la Magdeleine, commune de Saint-Maurice-sur-Dargoire, dépose :

Je suis voisin de campagne de la famille Dumas. Après la mort du père, son fils Cadet venait souvent à la Magdeleine et je reconnus tout d'abord qu'il n'avait pas sa raison, et en effet, en 1831 il me proposa de me vendre sa récolte de foin encore pendante pour 100 francs. Je re-

5

fusai et la fis acheter par un autre 500 fr. Dans la même saison il m'offrit du blé seigle à raison de 2 fr. 25 c. le *bichet* que je lui fis vendre 4 fr. Quand je lui fis observer qu'il vendait trop bon marché, il me répondait : « *Je me moque bien du blé, j'ai de la belle paille.* » En me promenant avec lui il me donnait le bras et il m'a souvent dit : « *Je suis directeur de mines, je suis empereur, amiral.* » C'était dans le courant de 1831 à 1832. Il m'a dit beaucoup d'autres choses que je ne me rappelle pas ; j'allais fréquemment chez lui à cette époque, à Rive-de-Gier, et je l'ai vu plusieurs fois se mettre sur son balcon en chemise disant qu'on l'avait empoisonné. Je travaillais pour lui à la campagne, il me payait bien, nous n'avons jamais eu de difficultés. J'ajoute que j'avais remarqué que Cadet Dumas n'avait pas de suite dans les idées ; il avait pour domestique un nommé Benoît qui lui faisait faire ce qu'il voulait.

Lecture faite le témoin a persisté.

Dix-neuvième témoin.

Jean-Pierre ESCOFFIER, 60 ans, propriétaire à Saint-Maurice-sur-Dargoire, dépose :

J'ai été domestique chez le père Dumas, à Saint-Maurice, pendant une dizaine d'années. J'ai connu Cadet Dumas à cette époque et lors qu'il revint de pension à l'âge de 15 ou 16 ans, je remarquai déjà qu'il n'avait pas la tête à lui, c'est à dire qu'il était fou, et cet état de folie est allé toujours en augmentant jusqu'en 1832. A cette dernière époque, j'étais au service de son frère aîné, on vint un jour au milieu du mois de mai de cette même année 1832, nous annoncer que Cadet Dumas était furieux et qu'on ne pouvait pas le maîtriser. Nous nous y rendîmes avec M. Dumas aîné, et en effet nous trouvâmes Cadet Dumas dans son lit dans un état de grande exaltation, il disait : « *On veut m'assassiner.* » Il questionnait beaucoup, disant : « *On veut me détruire, ces brigands, ces coquins.* » Survint alors un médecin, c'était ou le docteur Bethan-court ou le docteur Richarme, je ne m'en souviens pas bien. A l'aspect du médecin, Cadet Dumas sortit de son lit en chemise, un couteau à la main et se mit à le poursuivre. Je gardai la porte, mais je crus prudent de m'effacer et de le laisser passer. Cependant nous avons réussi à nous rendre maître de lui au milieu de l'escalier, nous l'avons désarmé et l'avons ramené dans son lit, où nous avons trouvé un perce-feu. Il y avait alors dans la maison une femme qui avait quitté son mari pour venir habiter avec Cadet Dumas ; elle s'approcha de celui-ci, lui dit quelques paroles que je n'entendis pas, toujours est-il qu'il se mit à écrire sur un papier je ne sais quoi ; mais comme j'avais ouï dire qu'il avait l'habitude de faire des billets aux uns et aux autres, je jugeais à propos d'aller en avertir son frère qui survint et après quelques observations, la femme dont j'ai parlé lui remit le billet ainsi que me l'a raconté le lendemain M. Dumas aîné. Le matin de ce même jour, Cadet Dumas avait réussi à s'échapper de sa chambre, était descendu en chemise et trouvant la porte d'en bas fermée, il enjamba la barrière qui ferme la cave et c'est alors que son frère Joannès s'empara de lui et le ramena dans son lit en disant dans son émotion : « *Est-il possible, voilà une maison perdue.* » Dans le courant de l'année 1852, j'habitais Saint-Maurice, comme je l'ai dit, et quand je rencontrais des gens de Rive-de-Gier, je leur demandai des nouvelles de Cadet Dumas et on me répondait : C'est toujours la même chose, il se dit empereur et roi. Je ne me rappelle plus tout ce qu'on pouvait me dire. Il fut emmené à Lyon un mois environ après les scènes violentes dont je viens de parler. Il y resta quatre à cinq mois environ. Je l'ai revu plusieurs fois à son retour, mais comme je ne lui ai pas parlé, je ne puis dire si son état avait changé.

Lecture faite, le témoin a persisté.

CONTRE-ENQUÊTE

Séance du 8 décembre 1864.

Premier témoin.

REVOL (Joseph), 64 ans, rentier, demeurant à Lyon, dépose :

J'ai connu Cadet Dumas dès 1822 ou 1823 environ; il avait alors 16 à 17 ans. Je le voyais à cette époque deux ou trois fois par semaine, soit au café, soit à la promenade. Je n'avais rien remarqué en lui qui indiquât un dérangement dans ses fonctions intellectuelles; il avait seulement la manie de montrer ses breloques et s'amusait surtout à faire tourner la clé de sa montre. Il était d'ailleurs honnête et poli, mais d'une intelligence médiocre; sa manière de raisonner n'était pas brillante eu égard à l'instruction qu'il avait reçue. Dans tous les cas, rien n'indiquait en lui la folie, et, ce qui prouve qu'on en avait jugé ainsi à Rive-de-Gier, c'est qu'après la Révolution de 1830 il fut nommé lieutenant ou sous-lieutenant dans la garde nationale, et je ne sache pas qu'il ait exercé ce commandement d'une manière excentrique. Depuis cette époque, je l'ai perdu de vue, du moins je ne pourrais préciser si c'est en 1831, 1832, 1833, 1834, 1835, 1836 que j'ai cessé de le voir et de m'occuper de ce qu'il pouvait faire; quoi qu'il en soit, j'affirme que, pendant que j'ai eu des rapports avec lui, je n'ai rien vu ni entendu de sa part qui ressemble aux faits interloqués, et j'ajoute même que je n'ai jamais entendu parler de ces faits; aussi, ignorai-je le transfert à Lyon de Cadet Dumas dans la maison Binet, qui aurait eu lieu, dites-vous, le 18 juin 1832. J'ai ignoré également le transfert de Cadet Dumas à Saint-Jean-de-Dieu le 3 mai 1838; je ne l'ai appris que quelque temps après.

Après lecture faite, le témoin a persisté.

Deuxième témoin.

BETHENOD (Joseph-Antoine), 76 ans, ancien juge de paix, demeurant à Monbressieux, commune de Saint-Martin-la-Plaine, dépose :

Je n'ai pas connu Cadet Dumas personnellement et je n'ai jamais eu de rapports avec lui, soit en ma qualité de juge de paix, soit comme simple particulier. J'ai même ignoré son transfert à Lyon en 1852; je n'ai pas ouï dire que ses facultés intellectuelles fussent dérangées. A une époque que je ne pourrais déterminer, j'ai ouï dire vaguement qu'il était un peu excentrique. Aucun des faits interloqués ne m'a été signalé. Lorsque plus tard Cadet Dumas a été transféré à Saint-Jean-de-Dieu, je ne l'ai appris que par la voie publique. J'explique que mes fonctions de juge de paix ont commencé en 1821 et cessé en 1856. J'ai toujours habité Monbressieux.

Lecture faite, le témoin a persisté.

Troisième témoin.

PENEL (Marie-Joseph), 66 ans, juge de paix à Mornand, où il demeure, dépose :

J'ai connu Cadet Dumas dès 1827. Je n'avais cependant pas de relations avec lui ; je n'ai pas ouï dire ni remarqué personnellement que Cadet Dumas ne jouissait pas complètement de ses facultés intellectuelles. Je l'ai vu figurer au moins une fois dans un conseil de famille tenu en 1831, où je crois qu'il s'agissait de l'émancipation de son jeune frère Jean-Baptiste ; il s'est comporté dans cette occasion comme un homme ordinaire. Je remarquai seulement qu'il avait la manie de jouer avec ses breloques ; il ne me parut pas atteint le moins du monde de folie. En 1830, après la Révolution, il a été nommé officier dans la garde nationale et a rempli convenablement ses fonctions, c'est-à-dire qu'il a figuré dans les divers exercices comme tous les autres officiers. Néanmoins, je dois déclarer qu'il m'a toujours paru original et même excentrique. Toutefois, comme j'ai cessé mes fonctions de greffier de justice de paix en 1832, et que je n'ai plus habité Rive-de-Gier depuis lors, j'ignore ce qu'a pu faire ou dire Cadet Dumas qui se rapporte aux faits interloqués. Je n'ai même pas su qu'il ait été transféré ou conduit à Lyon en 1832 pour se faire traiter d'une maladie quelconque. A cette même époque de 1832, je crois me rappeler cependant que l'on parlait vaguement d'une maladie furieuse ou fièvre chaude dont aurait été atteint Cadet Dumas, mais qui n'eut pas une longue durée; ce n'est que quatre ou cinq ans plus tard que j'ai appris par la voie publique qu'il était devenu fou et qu'on l'avait transféré à Saint-Jean-de-Dieu.

Lecture faite, le témoin a persisté.

Quatrième témoin.

GRIOT (AUGUSTE), 56 ans, papetier-libraire, demeurant à Rive-de-t Gier, dépose :

J'ai été condisciple de Cadet Dumas pendant notre enfance; il étai alors en possession de toutes ses facultés intellectuelles; je l'ai perdu de vue lorsqu'il a continué son éducation dans les pensions ailleurs qu'à Rive-de-Gier. Autant qu'il m'en souvienne, je l'ai vu quelque temps avant 1830: je n'ai pas remarqué en lui le moindre changement dans ses facultés intellectuelles. Après la Révolution de 1830, il fut nommé lieutenant dans la garde nationale et s'est comporté en ce poste comme tous les autres officiers. En 1831, pendant l'émeute lyonnaise, ma mère rencontra Cadet Dumas à Brignais, d'après ce qu'elle m'a rapporté. Ils sont revenus ensemble à Rive-de-Gier dans un omnibus, et, dans le trajet, Dumas lui raconta qu'il allait à Lyon, mais qu'ayant appris à Brignais que les ouvriers révoltés avaient fermé les portes de Lyon, il n'avait pas cru devoir pousser plus loin. Ma mère ne m'a rien rapporté de la conversation de Dumas qui pût faire penser qu'il n'avait pas toute sa raison. En 1832, sans que je puisse préciser l'époque, je crois cependant que c'était dans les derniers mois,

Cadet Dumas fut atteint d'une maladie secrète, du moins c'était l'opinion de ses camarades, et il fut à Lyon pour se faire traiter; il y est resté quelques mois; avant son départ, je n'avais pas remarqué le moindre dérangement dans sa raison par suite de cette même maladie. Je l'ai revu à son retour et je le voyais tous les jours; surtout après son diner, allant au café, mais je ne causais guère avec lui. Quoiqu'il en soit, pendant les quatre ou cinq ans qui se sont écoulés jusqu'à ce qu'il a été emmené à Saint-Jean-de-Dieu, d'après ce qu'on disait, je n'ai pas appris qu'il ait rien dit ni rien fait qui pût le faire passer pour fou. Seulement on disait qu'il se promenait portant à sa boutonnière des plaques de chaîne en or appartenant à sa mère. Ce fait s'est passé en 1838 et m'a été rapporté après le transfert de Cadet Dumas à Saint-Jean-de-Dieu. Je n'ai pas ouï dire que rien de semblable eût eu lieu de 1830 à 1837. De 1833 à 1835, Cadet Dumas, intéressé à l'exploitation du Logis-des-Pères, avait la signature de la Société, ainsi que les employés de cette compagnie me l'ont rapporté. En sa qualité d'associé, il était tenu de sa quote-part des frais de la Société, et, pour remplir ses obligations personnelles, il emprunta de ma mère une somme de 4,000 fr. par obligation, reçue Me Plagneux, notaire; autant qu'il m'en souvienne, cet emprunt eut lieu en 1836 ou 1837. L'argent fut compté dans l'étude du notaire, et j'ai vu Cadet Dumas emporter sur son épaule le sac qui le contenait. Ces quatre mille francs ont été remboursés par M. Dumas aîné. J'ajoute que je n'ai jamais vu des bottes rouges à Dumas. Je ne peux pas vous dire non plus qu'il se fût montré nu sur son balcon. Le fait interloqué qui se rapporte à la manière plus ou moins singulière dont Cadet Dumas prenait avec la main les mets placés sur la table chez ses voisins m'est absolument inconnu; et s'il l'a fait, chez Mme Sablière notamment, je l'expliquerais par la familiarité de leurs rapports.

Lecture faite, le témoin a persisté.

Cinquième témoin.

AROUD (Jean), 74 ans, ancien extracteur de pierres à la Magdeleine, commune de Saint-Maurice-sur-Dargoire, dépose :

Je suis beaucoup plus âgé que ne l'était Cadet Dumas, et je n'ai eu des rapports avec lui qu'à l'époque où nous étions ensemble associés dans la Société du Logis-des-Pères, de 1830 à 1832, autant que je puisse me le rappeler. Je l'ai vu assister aux réunions que nous avions à ce sujet ; il y prenait part et y parlait comme les autres intéressés. J'ai bien ouï dire néanmoins, à cette même époque et même quelque temps auparavant, que Cadet Dumas faisait des folies, mais je ne m'y arrêtais guère, parce que j'attribuais cela à sa jeunesse et surtout à ce qu'il avait trop de liberté et beaucoup d'argent à sa disposition. On ne citait pas d'ailleurs de fait précis, si ce n'est qu'il lui arrivait quelquefois de donner de fortes étrennes dans les cafés et de faire des prodigalités de diverses sortes. Je dois déclarer d'ailleurs que mes souvenirs sont restés incomplets pour tous les autres faits interloqués dont j'ai pu entendre parler dans le temps, mais je ne puis rien affirmer à cet égard. C'est tout récemment qu'on m'a parlé de ces mêmes faits.

Lecture faite, le témoin a persisté.

Sixième témoin.

BERRY (MARIE), 64 ans, rentière, demeurant à Rive-de-Gier, dépose :

J'étais au service de Mme Fleurdelix lorsqu'elle alla habiter la maison de Cadet Dumas, où celui-ci occupait le premier étage. Je ne puis préciser l'époque à laquelle nous sommes entrés dans cette maison, toujours est-il que nous y sommes restés quatre ou cinq ans environ, jusqu'à la mort de Mme Fleurdelix. Nous ne l'habitions cependant que pendant l'hiver ; nous passions l'été à la campagne. Je voyais Cadet Dumas presque tous les jours ; je l'ai vu plusieurs fois s'entretenir avec ma maîtresse ; quant à moi, je ne causais jamais avec lui. Je n'ai rien remarqué dans sa conduite, dans ses allures qui indiquât le moindre dérangement dans sa raison. J'ai ouï dire, à une époque dont je ne me souviens pas, que Cadet Dumas faisait des actes d'originalité que je ne saurais qualifier aujourd'hui, parce que j'ai complètement oublié

6

l'impression qu'ils ont pu me faire alors. Je dois cependant déclarer que j'ai vu, un jour, Cadet Dumas portant à la boutonnière un ruban dont je ne me rappelle pas la couleur; il me semble que ce ruban affectait la forme de la décoration de la Légion-d'Honneur. Je ne connaissais pas particulièrement Cadet Dumas, et je n'avais aucune relation avec lui ni avec sa famille avant d'aller habiter sa maison; mais, à aucune époque de sa vie, depuis sa jeunesse, je ne l'ai vu faire des actes de folie, ni ouï dire qu'il en eût fait.

Lecture faite, le témoin a persisté.

Septième témoin

Dame Marie COUDÈRE, veuve REYNAUD, 62 ans, rentière à Rive-de-Gier, dépose :

J'ai commencé à connaitre Cadet Dumas en 1829, il venait quelquefois dans le café que nous tenions avec mon mari. Un an après, il devint un de nos habitués les plus assidus; nous le voyions à peu près tous les jours, une ou deux fois par jour, quelquefois trois fois; il allait et venait, soit seul, soit en compagnie. Il jouait aux cartes ou au billard comme les autres; il lisait les journaux habituellement. Rien n'indiquait dans ses allures que sa raison fût altérée, et je ne l'ai jamais vu chez nous être l'objet des plaisanteries de personne, pendant les sept ou huit ans qu'il a fréquenté notre établissement, jusqu'en 1838. A une époque que je ne pourrais fixer, je crois que c'est en 1834, il cessa de venir chez nous pendant plusieurs mois, et l'on disait à ce sujet qu'il était devenu fou et qu'on l'avait emmené à Lyon. Quant il revint, il nous paya son compte et continua à fréquenter notre café, et je ne remarquai pas en lui le moindre changement physique ni moral. En 1838, il fut emmené à Lyon à Saint-Jean-de-Dieu, d'après ce qu'on disait; il nous laissa un compte de 40 à 46 fr. qui nous est encore dû, quoique mon mari en ait plusieurs fois réclamé le payement à M. Dumas aîné. Quant aux autres faits interloqués, je déclare formellement que je n'en ai jamais entendu parler que dans ces derniers temps.

Lecture faite, le témoin a persisté.

Huitième témoin.

PRIVAS (Jean-Marie), 60 ans, cordonnier, demeurant à Rive-de-Gier, dépose :

Je n'ai eu de rapports avec Cadet Dumas qu'en 1830, époque à laquelle il était officier de la garde nationale dans le même bataillon ; je l'ai vu faire son service comme tous les autres officiers, pendant tout le temps que la garde nationale a été en activité ; quoique je n'ai pas causé avec lui, je voyais bien et je savais qu'il n'y avait rien d'égaré dans sa raison, et je n'ai rien ouï dire à cette époque qui fût de nature à faire penser qu'il eût perdu en aucune façon l'usage de ses facultés intellectuelles. Autant qu'il m'en souvienne, il fut malade en 1831 ou 1832, et l'on disait que c'était une maladie de jeune homme pour laquelle il était allé se faire traiter à Lyon. Je ne puis préciser l'époque où il en est revenu ; toujours est-il que je l'ai vu rarement jusqu'en 1835, et je n'ai pas ouï dire qu'avant cette époque Cadet Dumas fût plus ou moins aliéné ; si je l'ai ouï dire, je ne me le rappelle pas. Depuis 1835, je l'ai connu beaucoup plus, puisque je suis devenu son voisin ; auparavant, j'habitais une autre rue, à cent cinquante pas de son domicile. Pendant les trois ans environ que j'ai habité dans son voisinage, je le voyais entrer et sortir, et j'ai plusieurs fois causé avec lui et je n'ai jamais remarqué le moindre dérangement dans sa raison, si ce n'est dans les derniers temps, en 1838, à ce que je crois. C'est alors que son domestique me confia que ses biens ayant été saisis, il se trouvait dans la gêne. Nous sommes malheureux, disait le domestique, mon maître n'a pas d'argent, et je lui en ai prêté. Dans ces entrefaites, les affaires de Dumas s'arrangèrent, et il paraît qu'il revint à la fortune, si bien que ça lui donna des idées de grandeur ; aussi nous disait-il quelquefois qu'il était empereur, qu'il allait se marier avec la fille du roi Louis-Philippe ; mais je déclare que, sur tous les autres sujets de conversation, il était parfaitement sensé.

Lecture faite, le témoin a persisté.

Neuvième témoin.

POINT (Pierre), 62 ans, marchand de charbons, demeurant à Rive-de-Gier, dépose :

Je n'ai jamais eu de relations personnelles avec Cadet Dumas ; je le connaissais depuis 1820 ; l'époque à laquelle je l'ai vu un peu plus souvent remonte à 1829 ; nous nous rencontrions alors quelquefois au café Reynaud. Je l'ai vu aussi en 1833 ; il venait quelquefois dans mon café ; je n'avais rien remarqué d'extraordinaire en lui : seulement, dès 1829, il dénotait des idées d'orgueil, se disant riche, et quelquefois il payait toute la dépense qu'il faisait avec ses camarades. En 1830, il fut nommé, je crois, sous-lieutenant dans la garde nationale, et il a fonctionné en cette qualité comme les autres. Vers 1832, on disait à Rive-de-Gier que Cadet Dumas avait été emmené à Lyon, qu'il était comme fou ; je l'ai revu en 1833, il se portait très bien ; je lui ai parlé, et il m'a paru jouir de toute sa raison. Comme j'ai été employé au canal, de 1820 à 1840, je n'ai guère été à même de savoir ce que faisait Cadet Dumas, ni ce qu'on pouvait dire de lui ; aussi les faits interloqués me sont-ils inconnus.

Lecture faite, le témoin a persisté.

Dixième témoin.

OGIER (Antoine), 49 ans, teinturier, demeurant à Rive-de-Gier, dépose :

A une époque que je ne pourrais fixer postérieurement à 1830, il y a environ vingt-cinq à vingt-six ans de cela, on disait à Rive-de-Gier que Dumas était devenu fou, et, en effet, quelques jours après on l'emmena à Lyon ; je ne l'ai pas vu revenir. Tout ce que je sais, c'est qu'a-vant son départ pour Lyon, je savais déjà qu'il avait perdu la raison. Un jour, un feu de cheminée s'était manifesté chez son voisin, M. Laurent ; plusieurs personnes, au nombre desquelles j'étais, allaient porter secours et passer par la maison de Dumas Cadet ; il se présenta à nous et, s'adressant à moi, il me dit : « Est-ce toi qui es l'entrepreneur de cette affaire? » Comme je savais qu'il n'avait pas tout son bon sens, je ne lui répondis pas; mais, je le répéte, il m'est impossible de préciser autrement l'époque où cela se passait.

Lecture faite, le témoin a persisté.

Onzième témoin.

GUINAND (JACQUES), 65 ans, teinturier, demeurant à Rive-de-Gier, dépose :

J'ai toujours été voisin de la famille Dumas, et j'ai beaucoup connu Cadet Dumas. En 1828, 1829, 1830 et 1831, il venait familièrement très souvent chez moi, et il se plaisait à me faire des étiquettes pour mes marchandises, ce dont il s'acquittait très-bien. Nous causions ensemble familièrement, mais néanmoins il ne me communiquait pas ses affaires ; il était fier et vaniteux ; quoi qu'il en soit, il causait comme un homme sensé. En 1830, il fut nommé sous-lieutenant dans la compagnie à laquelle j'avais appartenu lors de l'organisation, et que je quittai pour entrer dans l'artillerie. Il m'est arrivé plusieurs fois de demander à mes camarades comment se comportait Cadet Dumas, et ils me répondaient qu'ils en étaient contents, qu'il les commandait bien. En 1832, au mois de mai, je crois, ma mère m'annonça que Cadet Dumas était devenu fou. Je lui répondis : « Cela n'est pas possible, il y a à peine quinze jours que nous l'avons vu en pleine possession de sa raison. » Ma mère me disait cela trois semaines environ avant qu'on emmenât Cadet Dumas à Lyon. Feu Joassard, son cousin, me dit qu'il craignait que Cadet Dumas était atteint d'une maladie secrète. Je ne sais combien de temps il est resté à Lyon; toujours est-il qu'il en est revenu quelque temps après avec un domestique. On m'a dit plus tard que c'était un domestique de l'établissement où il était, et qui avait facilité son évasion parce que Cadet Dumas lui avait promis de lui faire un remplaçant. Il vint me voir à son retour et je n'ai pas remarqué le moindre changement en lui, c'est-à-dire qu'il était sain d'esprit comme je l'avais vu avant son départ. Il est resté pendant deux ou trois ans dans cette situation, autant qu'il m'en souvienne, après quoi il est tombé malade comme en 1852, je crois, et on l'a emmené à Saint-Jean-de-Dieu, d'après ce que l'on m'a dit. Je ne puis dire cependant qu'il ait fait des extravagances, car je ne me suis aperçu de rien, et je n'ai rien ouï dire non plus à ce sujet. Je dois déclarer néanmoins que Cadet Dumas venait moins souvent me voir dans les dernières années qui ont précédé son départ pour Lyon. J'ajoute que je n'ai jamais vu ni appris que Cadet Dumas se fût livré aux extravagances cotées en fait dans le jugement. Ainsi, j'ignore complètement qu'il se soit jamais montré nu ou en chemise sur son balcon, qu'il ait jamais porté des bottes rouges, ni qu'il ait été suivi dans les rues par les enfants qui l'appelaient *le fou*, ni qu'il ait joué, dans les cafés ou ailleurs, à *tête* ou *pile*. Je dois dire toutefois que mon atelier où je travaillais habituellement était situé à environ cinq minutes de la maison Dumas. J'ajoute que, lorsque je proposais à Cadet Dumas d'aller au café Desvignes, il s'y refusait toujours, en me disant : « Je ne veux pas aller dans ce café, parce que Cadet Desvignes est un moqueur, il nous fait bon semblant devant et se moque de nous par derrière. » J'ignore si Cadet Dumas est jamais allé à Lyon et changé un bon cheval contre une rosse. J'ignore également s'il est allé chez les voisins au moment de leurs repas prendre les mets avec la main et manger comme une bête. Je n'ai pas non plus connaissance qu'il soit allé, après 1830, dans les réunions et les banquets politiques, où il aurait péroré de manière à être la risée de tout le monde ; il n'était pas capable de cela, il était trop timide, et, s'il l'avait fait, je l'aurais su. Je déclare enfin que je ne lui ai jamais entendu dire du mal des prêtres.

Lecture faite, le témoin a persisté.

Douzième témoin.

MARREL (JEAN-BAPTISTE), 54 ans, marchand boucher, demeurant à Rive-de-Gier, dépose :

J'ai été voisin de Cadet Dumas pendant toute ma vie ; il venait quelquefois en passant et nous causions. Je n'ai jamais remarqué qu'il manquât de raison. En 1830, je faisais partie dans la garde nationale de la compagnie où Cadet Dumas était sous-lieutenant ; il a occupé ce grade jusqu'à la dissolution de la garde nationale, et il en a rempli les fonctions aussi convenablement que tout autre officier. A cette époque, c'est-à-dire alors que Dumas n'était plus dans la garde nationale, je l'ai vu à deux reprises dans les rues, suivi par les enfants : ils l'appelaient *Dumas le fou*; il tenait une baguette à la main, qu'il faisait tourner en poussant les enfants devant lui. Je ne puis dire, je le répète, si cela se passait avant ou après 1832 ou dans le courant de cette année. Tout ce que je sais, c'est qu'il a été emmené à Lyon peu de temps après. J'ignore s'il y est resté plus ou moins longtemps, mais on disait qu'il en était revenu ; toujours est-il que je ne l'ai plus revu depuis. J'ai ouï dire aussi que Dumas avait été vu en bottes rouges, mais il m'est encore impossible de préciser l'époque.

Lecture faite, le témoin a persisté.

Treizième témoin.

VERPILLEUX (JEAN-BAPTISTE), 69 ans, rentier, demeurant à Rive-de-Gier.

Le témoin est reproché par M. Dumas parce qu'il est membre du conseil de fabrique de l'église Notre-Dame de Rive-de-Gier, qui se prétend légataire de Jean-Marie Dumas d'une somme de dix mille francs, prétention émise, à la requête de M. Verpilleux et des autres administrateurs de la fabrique, dans un acte extra-judiciaire du 11 mars 1864.

Interpellé sur ce reproche, M. Verpilleux répond qu'il est en effet membre de la fabrique.

Sur ce, nous avons renvoyé les parties à l'audience. Après avoir prêté serment de dire la vérité, le témoin dépose :

.... Rive-de-Gier en 1819 jusqu'au milieu de 1833,
.... sé pendant cet intervalle. Tout

ce que je sais, c'est qu'avant le mois de juin 1852, dans le courant du printemps de cette même année, je me suis rencontré par hasard à Lyon avec feu Jean-Marie Magdinier et Cadet Dumas. Celui-ci nous a payé à dîner et nous lui avons offert le café. Pendant les deux ou trois heures que nous sommes restés ensemble, nous avons causé sur divers sujets, et, je le déclare, si notre conversation a été un peu gaie, nous n'avons rien remarqué dans les paroles de Dumas qui indiquât le moindre dérangement dans sa raison. Depuis lors, je n'ai rien appris qui se rapporte aux faits du procès.

Lecture faite, le témoin a persisté.

Quatorzième témoin.

AROUD (Barthélemy), 70 ans, rentier. demeurant à Rive-de-Gier, dépose :

J'ai été, en qualité de boucher, fournisseur de Cadet Dumas, depuis 1827 jusqu'à l'époque où il quitta Rive-de-Gier, c'est-à-dire pendant une dizaine d'années environ, car c'est quelque temps avant que j'aie cessé d'exercer la boucherie, en 1839, et j'ai ouï dire que Cadet Dumas était allé à Lyon dans une maison de santé. Je déclare formellement que, pendant tout le temps que j'ai été ainsi en rapports avec lui, je n'ai pas remarqué la moindre altération dans ses facultés intellectuelles. Il était un peu fier, mais honnête; nous n'avons jamais eu de dificultés dans le règlement de nos comptes.

Lecture faite le témoin a persisté.

Quinzième témoin.

MALASSAGNY (François), 80 ans, rentier, adjoint au maire, demeurant à Rive-de-Gier.

Le témoin est reproché par M. Dumas parce qu'il est membre du conseil de fabrique de l'église Notre-Dame à Rive-de-Gier, qui se prétend légataire de Jean-Marie Dumas d'une somme de dix mille francs,

prétention émise, à la requête de M. Malassagny et des autres administrateurs de la fabrique, dans un acte extra-judiciaire du 11 mars
1864.

Interpellé sur ce reproche, M. Malassagny répond qu'il est en effet
membre de la fabrique.

Sur ce, nous renvoyons les parties à l'audience.

Après avoir prêté serment de dire la vérité, le témoin dépose :

Dans le courant de l'année 1832, en juin ou juillet, autant qu'il
m'en souvienne, Cadet Dumas envoya chez moi sa domestique pour
me prier de passer chez lui. Je m'y rendis, et il me dit : « Mon cher,
j'ai quelque chose à vous confier : voilà mon testament que je dépose
en vos mains. » J'ai causé un moment avec lui et il m'a paru parfaitement sain d'esprit ; il ajouta : « Je suis un peu indisposé, je suis
bien aise de vous déposer cela. » Je dois déclarer que j'ai fait plusieurs
actes pour son compte soit avant, soit après cette époque. J'ai déposé
moi-même ce testament dans les minutes de Mᵉ Rousset, mon succes-
seur immédiat, il y a un an environ.

Lecture faite, le témoin a persisté.

Seizième témoin.

AROUD (Jean-Baptiste), 55 ans, marchand de bois, demeurant à
Rive-de-Gier, dépose :

J'ai connu pendant sept ou huit ans Cadet Dumas, mais il me serait
bien difficile de fixer l'époque : je crois cependant que c'est aux envi-
rons de 1830. Quoi qu'il en soit, je n'ai jamais rien remarqué en lui
qui pût me donner l'idée qu'il ne jouissait pas de toute sa raison. J'ai
causé peu souvent avec lui ; je n'habitais pas le même quartier ; j'ai
vu néanmoins plusieurs fois Cadet Dumas venir dans les bureaux de la
Compagnie du Logis-des-Pères, dans laquelle il était intéressé. Je crois
qu'il assistait aux réunions des associés, mais j'ignore quel rôle il y
jouait, de même que je ne puis préciser encore l'époque où je le voyais
ainsi venir dans ces bureaux. Je crois que cela se place entre 1827 et

7

1855 ou 1857. Je dois dire aussi que les allures qu'avait Dumas étaient celles d'un homme léger, mais je crois cependant qu'il était sain d'esprit.

Lecture faite, le témoin a persisté.

Séance du 14 janvier 1865.

Premier témoin.

Louis TRAINARD, 50 ans, pâtissier, demeurant à Rive-de-Gier, rue Paluy, dépose :

Je connaissais la famille Dumas et Cadet Dumas lui-même qui devait avoir 7 ou 8 ans de plus que moi. Je n'avais pas de rapports personnels avec lui ; je ne me souviens pas de lui avoir vu faire le moindre acte de folie ni avoir entendu dire que sa raison fut dérangée. Je n'en ai entendu parler que dans ces derniers temps, Cadet Dumas avait des allures de fanfaron.

Lecture faite, le témoin a persisté.

Deuxième témoin.

Joseph PELLETIER, 59 ans, teneur de livres, demeurant à Rive-de-Gier, rue de Lyon, dépose :

J'ai habité Rive-de-Gier depuis 1825 jusqu'en 1857. Je connaissais Cadet Dumas, mais je ne le fréquentais pas ; je le rencontrais quelquefois au café Desvignes, sur les bords du canal, ou lorsqu'il se rendait dans les bureaux de la Compagnie du Logis des Pères. Nous causions peu et le sujet de notre conversation était principalement sur le commerce de charbons, et plus tard, en 1851 et 1852, nous parlions garde nationale. Je déclare que je n'ai rien remarqué en lui d'extraordinaire ; ce n'était pas un homme d'un grand esprit, mais ce n'était pas non plus un homme dont la raison parût dérangée; du moins je ne lui ai jamais vu dire ni commettre d'extravagances, et je n'ai pas appris qu'il en ait jamais fait dont je n'aurais pas été témoin.

Lecture faite, le témoin a persisté.

Troisième témoin.

MATHIS PELLETIER, 57 ans, fabricant de verres, à Rive-de-Gier, membre du Conseil municipal de cette ville et y demeurant, dépose :

J'ai connu Cadet Dumas dans sa jeunesse, mais c'est surtout depuis 1827 que, sans être familier avec lui, j'ai eu quelque occasion, principalement aux cafés Desvignes et Rayon, de prendre une tasse sur la même table où on le servait lui-même. Autant qu'il m'en souvienne, nous causions ensemble de choses indifférentes et je n'ai pas remarqué qu'il y eût dans sa conversation rien qui pût me donner l'idée que sa raison fût dérangée. Sa conduite, ses allures et sa tenue dans ces cafés étaient celles d'un homme ordinaire; je ne l'ai jamais vu jouer, il avait l'habitude de lire les journaux; je n'ai pas remarqué qu'il fût la risée de personne. Dès 1830, 1831 et 1832, je l'ai vu officier dans la garde nationale, assister aux revues et prendre part aux exercices comme ses autres camarades. Plus tard et postérieurement à 1833 ou 1834, j'ai ouï dire que Cadet Dumas était devenu fou, et l'on disait de plus alors qu'il se faisait passer pour empereur, directeur des mines de Rive-de-Gier. En 1831, 1832, 1833, 1834, époque à laquelle j'étais employé dans les bureaux de M. Robichon, j'y ai vu venir assez souvent Cadet Dumas en compagnie de MM. Arroud, Point, Meunier, administrateurs de la Compagnie du Logis des Pères, et comme je n'assistais pas aux entrevues que ces Messieurs avaient avec M. Robichon, j'ignore quel rôle y jouait Cadet Dumas. Celui-ci venait quelquefois isolément voir M. Robichon qui était lié avec sa famille ; mais je n'ai jamais entendu leurs conversations. J'ajoute que j'ai vu toujours Cadet Dumas dans ces diverses visites mis convenablement et rien dans son extérieur, dans ses allures, n'indiquait un homme plus ou moins extraordinaire. J'ignore si Cadet Dumas a été emmené à Lyon dans une maison de santé en 1852 ; j'ai appris son transfert dans un établissement de cette nature, postérieurement à 1854. J'ajoute que le 1er mai de chaque année, après 1830, la garde nationale de Rive-de-Gier se réunissait en grande tenue et assistait à une messe solennelle, à dix heures du matin ; je ne puis dire si Cadet Dumas y assistait comme les autres, car je n'étais pas du même bataillon que lui.

Lecture faite, le témoin a persisté.

Quatrième témoin.

Marie MEUNIER, 52 ans, rentière, demeurant à Rive-de-Gier, dépose :

J'ai vu Cadet Dumas passer tous les jours sous ma croisée en 1852 et même avant, dans l'attitude d'un homme ordinaire. Rien n'indiquait dans sa personne un dérangement d'esprit. Je n'ai jamais causé avec lui. Après 1852, on disait dans le public que Cadet Dumas se plaignait d'avoir été empoisonné et qu'on l'avait emmené de Rive-de-Gier ; on ajoutait qu'il avait pris une remontée de sang et que c'est pour cela qu'on l'avait emmené à Lyon.

Lecture faite, le témoin a persisté.

Cinquième témoin.

Marie IMBERT, 57 ans, rentière, demeurant à Rive-de-Gier, rue Grenette, dépose :

Avant 1830 et pendant tout le temps que Cadet Dumas a habité la place Grenette, je l'ai vu fréquemment passer sous ma fenêtre, sans toutefois y prêter beaucoup d'attention ; mais je n'ai rien remarqué en lui d'extraordinaire, et je ne me rappelle pas avoir ouï dire à cette époque que sa raison fut plus ou moins dérangée. Ce n'est que plus tard que j'ai appris qu'il allait suivre un traitement comme ayant la tête dérangée. Cependant mes souvenirs sont tellement confus que je ne peux préciser aucune époque relativement à tout ce que je viens de dire. J'ajoute que j'habite une maison qui n'est séparée de la maison Dumas que par deux autres, une ruelle entre elles.

Après lecture faite, le témoin a persisté.

Sixième témoin.

Marie PIÉGAY, veuve VIGNET, 72 ans, rentière, demeurant à Rive-de-Gier, dépose :

J'habite une maison qui est voisine à 25 ou 30 mètres de la maison Dumas. Je connaissais Cadet Dumas sans avoir des rapports avec lui. Je ne lui ai jamais parlé ; je l'ai vu quelquefois passer dans la rue dans l'attitude d'un homme ordinaire ; il n'a jamais attiré mon attention et je n'ai pas ouï dire qu'il eût fait des extravagances. Je sortais d'ailleurs très peu pour être au courant des bruits publics.

Lecture faite, le témoin a persisté.

Septième témoin.

Benoîte LAURENT, veuve PALLUY, 64 ans, rentière, demeurant à Rive-de-Gier, dépose :

J'ai habité la maison Magdinier pendant 30 ans depuis 1814. Cette maison est à peu près en face de la maison Dumas. Je voyais tous les jours Cadet Dumas, je l'ai toujours connu pour un homme ordinaire quoiqu'un peu *foutrau* ayant l'air dégourdi dans sa démarche et sachant bien ce qu'il faisait. En 1852, il a pris une remontée de sang qui lui avait dérangé les idées ; il se disait empoisonné. Il se montra sur son balcon nu-tête et en bras de chemise, tirant la langue et annonçant qu'il venait de prendre du lait pour contre-poison ; il agitait les bras ; un instant après il rentra dans sa chambre. Ayant consulté le médecin, le docteur Richarme, je crois, sur ce qu'éprouvait Cadet Dumas, ce médecin nous répondit que c'était une remontée de sang ; je m'explique ce n'est pas à moi, mais aux voisins que cette réponse a été faite. Quoi qu'il en soit, Cadet Dumas fut emmené le lendemain dans une maison de santé. Deux ou trois mois après, autant qu'il m'en souvienne, il revint avec un jeune domestique ; je l'ai revu, mais je ne lui ai pas parlé ; j'ai remarqué seulement qu'il a échangé quelques poignées de main avec quelques personnes dans la rue ; il avait l'air bien calme. Ils ont causé peu de temps ensemble, mais je n'ai rien entendu de leur conversation. J'ajoute que la remontée de sang dont j'ai parlé s'est produite dans le courant de l'été. Cadet Dumas est resté pendant quatre ou cinq ans à peu près à Rive-de-Gier sans donner que je sache aucun signe d'aliénation ; après ce laps de temps il devint fou et fut emmené à Saint-Jean-de-Dieu. Je dois déclarer qu'en 1852, je n'habitais pas la maison Magdinier ; j'avais un magasin deux maisons plus haut que celle de M. Dumas, et je restais quatre ou cinq jours de la semaine dans mon magasin où, du reste, je n'ai jamais vu venir Cadet Dumas.

Lecture faite, le témoin a persisté.

Huitième témoin.

JEAN-BAPTISTE VACHER, 62 ans, surveillant de nuit aux forges de Rive-de-Gier, chez MM. Petin et Gaudet, demeurant à Rive-de-Gier, et souffleur d'orgues à Notre-Dame, dépose :

Je n'ai jamais eu de relations avec Cadet Dumas et je ne l'ai jamais entendu parler avec d'autres personnes, mais dès 1829, je me rappelle l'avoir vu passer dans la rue, se rendant au café, dans l'attitude d'un homme ordinaire, les mains dans ses goussets et jouant habituellement avec ses breloques. Je le rencontrais dans le courant des années 1831 et 1832 aux cafés Rayon et Desvignes, où du reste j'allais rarement moi-même. Je l'ai vu quelquefois jouer au billard, mais jamais aux cartes. Je n'ai pas remarqué qu'il attirât l'attention par ses manières et je n'ai jamais vu personne se moquer de lui ; je n'ai pas ouï dire non plus, à cette époque, que sa raison fut dérangée : je sais qu'à partir de 1850, il fut nommé officier dans la garde nationale. Quoique nous ne fussions pas de la même compagnie, je l'ai vu quelquefois au champ de manœuvre faire son service comme les autres. Je l'ai vu une fois comme officier de ronde, venir au poste de la mairie, et là il se comporta comme un officier ordinaire. Postérieurement à 1832, sans que je puisse préciser autrement l'époque, j'ai ouï dire que Cadet Dumas aurait bientôt fini de manger sa fortune au train dont il allait ; on ajoutait que Mme Sablière qui lui prêtait de l'argent deviendrait bientôt propriétaire de sa maison où elle habitait elle-même.

Lecture faite, le témoin a persisté.

Neuvième témoin.

Louis CHAIZE, 60 ans, chapelier, demeurant à Rive-de-Gier, rue Palluy, dépose :

Je connaissais un peu Cadet Dumas qui avait à peu près mon âge ; mais néanmoins je n'étais pas en relation avec lui. Je le rencontrais quelquefois dans la rue ; il avait l'air un peu excentrique ; il passait pour avoir des manières un peu originales ; un de ses tics était de jouer avec ses breloques. J'ai causé cinq ou six fois avec lui, soit avant, soit après 1832, et je n'ai rien remarqué d'extraordinaire dans sa conversation ; nous parlions de choses indifférentes. Une fois, dans un café, je l'ai entendu chanter avec ses amis et il chantait agréablement. J'ai ouï dire par plusieurs personnes en 1830, 1831, 1832 ou 1833, sans que je puisse préciser l'époque, que Cadet Dumas avait été pris d'une remontée de sang, à la suite de laquelle on l'avait transféré à Lyon : quelques jours plus tard, je suppose, trois ou quatre mois plus tard, il revint à Rive-de-Gier où je l'ai revu dans son état habituel, n'ayant pas l'air du tout d'un insensé.

Lecture faite, le témoin a persisté.

Dixième témoin.

JEAN-CLAUDE VIAL, 60 ans, demeurant à Rive-de-Gier, dépose :

J'habite Rive-de-Gier depuis 1827, rue Saint-Jean que je n'ai jamais quitté. J'ai vu passer devant ma porte, presque tous les jours, Cadet Dumas, avec lequel du reste je n'étais pas en rapport. Il me paraissait avoir les manières d'un homme ordinaire, soigné dans sa toilette. Je n'ai jamais causé avec lui et je n'ai assisté à aucune de ses conversations. Je n'ai pas ouï dire que sa raison fut altérée. Je dois déclarer que lorsque Cadet Dumas passait devant ma porte, il ne s'arrêtait jamais. Sa démarche était celle d'un homme ordinaire, et je n'ai pas remarqué que ses gestes indiquassent la moindre agitation.

Lecture faite, le témoin a persisté.

Onzième témoin.

JEAN-PIERRE GÉLAS, 56 ans, propriétaire à Rive-de-Gier, chantre et fabricien de l'église Saint-Jean, dépose :

Je n'ai été en rapport avec Cadet Dumas qu'à partir de 1831 jusqu'en 1837. Je lui ai confectionné son uniforme de garde nationale ; j'étais son tailleur de confiance. Nous débattions les prix et nous n'avons jamais eu de difficultés sur le règlement de nos comptes. Je dois déclarer que Cadet Dumas était bien à même de défendre ses intérêts ; il ne payait que ce que cela valait. Pendant les six années que j'ai eu ainsi occasion de le voir, je n'ai rien remarqué dans sa conversation qui pût me faire penser qu'il ne jouissait pas de toute sa raison, et je n'ai pas ouï dire dans le public, à cette époque, que cette même raison fût altérée. Ce n'est qu'à partir de 1837 que l'on disait à Rive-de-Gier que Cadet Dumas était tombé en démence, et qu'on l'avait emmené à Saint-Jean-de-Dieu. J'ai ignoré qu'il a été transféré dans une maison de santé à Lyon, en 1832. J'habitais la rue de Lyon en 1832 jusqu'en 1843, près du grand bassin du Canal.

Lecture faite, le témoin a persisté.

Douzième témoin.

François BROSSY, 50 ans, rentier, demeurant à Rive-de-Gier, dépose :

En 1830, j'habitais la rue de l'Eglise, dans laquelle j'ai vu passer souvent Cadet Dumas que je connaissais seulement de vue. Je n'ai jamais causé avec lui, ni entendu ses conversations avec d'autres personnes. Il paraissait bien un peu excentrique, mais cependant il me semblait à son extérieur n'être pas privé de sa raison, quoiqu'on l'appelait : Dumas le fou. Je l'ai vu plusieurs fois se rendre à l'église; sa démarche était naturelle, habituellement saccadée.

Lecture faite, le témoin a persisté.

Treizième témoin.

Antoine COSTE, 72 ans, rentier, demeurant à Rive-de-Gier, dépose :

J'ai peu connu Cadet Dumas avant 1833, époque à laquelle j'ai eu quelques rapports avec lui. J'étais alors employé aux Verchères et j'ai causé quelquefois avec Cadet Dumas d'exploitation des mines et du prix des charbons. Je n'ai rien remarqué d'extraordinaire dans sa personne ni dans sa conversation et je n'ai pas ouï dire par personne que sa raison fût dérangée ; j'ai cependant entendu ses amis parler des réunions plus ou moins joyeuses qu'ils avaient ensemble.

Lecture faite, le témoin a persisté.

Quatorze témoin.

Jacques GUINAND, 63 ans, teinturier, demeurant à Rive-de-Gier, n'a pas été admis à déposer une seconde fois.

Quinzième témoin.

BARTHELÉMY BAJARD, 55 ans, maître de forges, demeurant à Rive-de-Gier, membre du Conseil municipal, dépose :

J'ai très peu connu Cadet Dumas en 1830, 1831, 1832, époque à laquelle il était, je crois, officier dans la garde nationale, mais je pour-rais dire qu'avant 1834, j'étais pour ainsi dire ignorant de ses faits et gestes. Je n'ai pas ouï dire qu'il eût fait la moindre excentricité, lors-qu'il était officier dans la garde nationale dont je faisais partie moi-même en qualité de musicien. Je n'ai eu, du reste, aucun rapport avec lui à cette époque. En 1834, 1835, 1836, je le voyais passer de temps en temps dans la rue, mais je n'ai été qu'une seule fois en rapport avec lui en 1835 ou 1836. Je puis dire que dans notre conversation qui avait pour objet, un achat de vieux fers qu'il me proposait, il n'a rien dit qui m'ait donné l'idée que sa raison était dérangée. J'ignore si l'état mental de Cadet Dumas était antérieurement à cette époque, plus ou moins diffé-rent de ce qu'il m'a paru alors; toujours est-il que je n'ai rien ouï dire à ce sujet, et comme j'habitais alors la rue Saint-Martin, à trois cents mètres environ du domicile de Cadet Dumas, il ne serait pas impossible qu'on eût dit qu'il était plus ou moins affecté dans ses facultés mentales, sans que j'en eusse connaissance. Je n'ai appris la démence de Cadet Dumas qu'en 1837 ou 1838.

Lecture faite, le témoin a persisté.

Seizième témoin.

JACQUES BINACHON, 54 ans, marchand de son, demeurant à Rive-de-Gier, dépose :

Je n'ai jamais quitté Rive-de-Gier où je suis né comme Cadet Dumas que je connaissais sans le fréquenter. Je n'ai jamais eu de conversa-tions avec lui ; nous échangions seulement un bonjour en passant.

J'avais remarqué qu'il avait la manie de jouer avec une poignée de breloques ; sa démarche et ses allures étaient ordinaires. J'ai appris qu'il avait été emmené à Lyon, dans la maison de santé de M. Binet, en 1832 ou 1833 ; je ne me rappelle pas bien l'époque. Il y est resté peu de temps et j'ignore le genre de maladie dont il était atteint. Je n'en ai pas même entendu parler dans le public. Plus tard, lorsqu'il fut de retour de Lyon, j'ai entendu quelquefois les gens du quartier dire : « Le vent va venir, M. Dumas fait ses fredaines. » Mais quant à moi, je n'ai été témoin d'aucune extravagance de sa part et je n'en ai même pas entendu raconter.

Lecture faite, le témoin a persisté.

Saint-Étienne, imprimerie de veuve THÉOLIER aîné et Ce.

www.ingramcontent.com/pod-product-compliance
Lightning Source LLC
Chambersburg PA
CBHW050534210326
41520CB00012B/2571